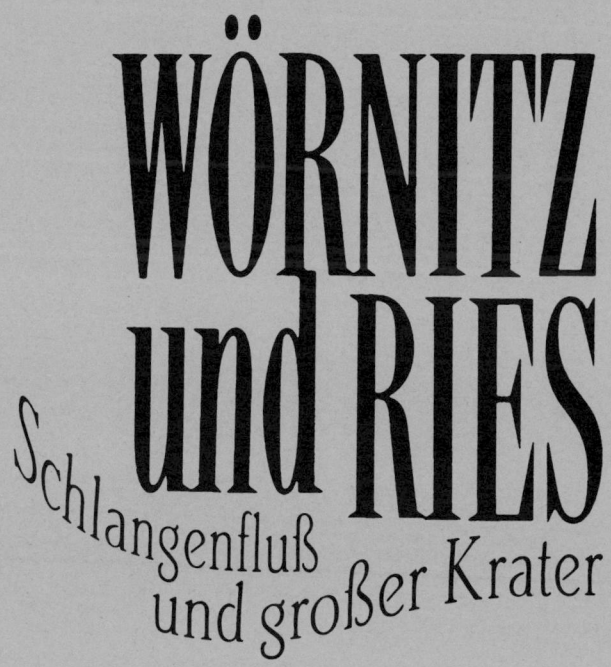

WÖRNITZ und RIES
Schlangenfluß und großer Krater

Text: Werner A. Widmann
Fotografie: Hans Raab
Illustration: Klaus Selz
Verlag: Fritz Majer & Sohn KG

WÖRNITZ und RIES
Schlangenfluß und großer Krater

© 1996 Fritz Majer & Sohn KG, Verlag, 91576 Leutershausen
Alle Rechte vorbehalten

Text: Werner A. Widmann, 81460 München
Foto: Hans Raab, 91710 Gunzenhausen/Sinderlach
Titel, Layout, Illustration: Klaus Selz, 91639 Wolframs-Eschenbach
Satz und Herstellung: Druckerei Fritz Majer & Sohn KG, 91576 Leutershausen
Reproduktion: Hetzner GmbH, 90408 Nürnberg:
Bindearbeiten: Großbuchbinderei Monheim GmbH, 86653 Monheim/Schwaben

Printed in Germany

ISBN 3-922175-33-3

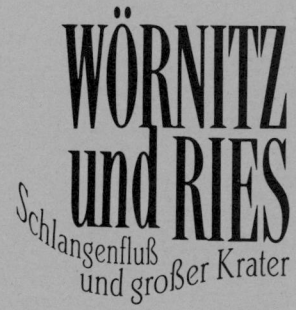

Register

Stichwort – Textteil	Seite	Stichwort – Textteil	Seite
Aichenzell	25	Erlingshofen	52
Altentrüdingen	38	Feuchtwangen	24–27
Amerbach	46	Frankenheim	23
Ansbach	24	Fremdingen	44, 56
Aufkirchen	36	Gosheim	48
Auhausen	39–41	Gunzenhausen	33
Baldern	54	Hainsfarth	44, 58
Balgheim	53	Harburg	48, 55
Belzheim	44	Hesselberg	33–36
Bissingen	52	Hirschbrunn	40
Bopfingen	54, 55	Hochaltingen	44, 55, 56
Bösennördlingen	23	Hohenaltheim	53
Burgmagerbein	52	Hohentrüdingen	38
Christgarten	53	Holheim	55
Crailsheim	24	Kaisheim	51
Dambach	36	Kirchheim	54, 55
Deiningen	55	Kloster Sulz	23
Dinkelsbühl	24, 28–33	Klosterzimmern	55
Dombühl	23	Laub	46
Donauwörth	48, 49	Leitheim	51
Dorfkemmathen	34	Lierheim	48
Dürrenzimmern	55	Maihingen	55
Dürrwangen	34	Marktoffingen	56
Ederheim	55	Minderoffingen	56
Ehingen	44	Mönchsdeggingen	48, 52, 53
Ehringen	58	Mönchsroth	33

Stichwort – Textteil	Seite
Munningen	45
Nördlingen	55, 58–61
Oberdorf	54
Obermagerbein	52
Oettingen	44, 58
Ostheim	36
Pfäfflingen	55
Reimlingen	55
Riesbürg	54
Ruffenhofen	33, 34
Schillingsfürst	15–23
Schopfloch	28
Schrattenhofen	48
Spalt	46
Speckbrodi	52
Steinhart	44, 45
Stilzendorf	22
Untermagerbein	52
Unterschwaningen	33, 36, 37
Utzmemmingen	55
Wallerstein	55–58
Wassertrüdingen	33, 38
Weiltingen	33
Wemding	46, 47, 59
Wilburgstetten	33
Wildbad	46
Wittelshofen	34, 36
Wörnitz	23
Ziegelhaus	23
Zumhaus	28

Stichwort – Bildteil	Seite
Alerheim	156
Aufkirchen	93–95
Auhausen	102–105
Bellershausen	66
Bopfingen	168, 169
Deiningen	140
Dinkelsbühl	78–82, 84, 85
Donauwörth	132–137
Feuchtwangen	74–77
Hainsfarth	108
Harburg	126–128
Herblingen	182
Hesselberg	96–98
Hirschbrunn	106
Hochaltingen	183–185
Hohenaltheim	158, 159
Holheim	165
Hoppingen	124, 125
Kaisheim	129, 130
Kartäusertal	162, 163
Kirchheim	170, 171
Kloster Sulz	73
Klosterzimmern	141
Maienbachtal	166
Maihingen	180, 181
Minderoffingen	178
Mönchsdeggingen	157
Munningen	118
Nördlingen	142–155
Oettingen	107, 109–114

Stichwort – Bildteil	Seite
Ofnethöhle	167
Reimlingen	160, 161
Röckingen	99
Ruffenhofen	90, 91
Schillingsfürst	67–72
Segringen	83
Unterwilfingen	172, 173
Utzwingen	180, 181
Wallerstein	174–177
Wassertrüdingen	100, 101
Weiltingen	88, 89
Wemding	116, 117, 120–123
Wilburgstetten	86–88
Wittelshofen	92
Wörnitzstein	131

Reise durch eine
fränkisch-schwäbische Landschaft

Ehe wir unsere fränkisch-schwäbische Reise entlang der Wörnitz und durch das Ries beginnen, sei ein kurzer Ausflug ins Baltenland gestattet. Dort windet sich Lettlands zweitlängster Fluß, die Livländische Aa, von den Letten Gauja genannt, 460 Kilometer lang in Bögen und Mäandern bis zu seiner Mündung in den Rigaischen Meerbusen der Ostsee. Und doch ist die Quelle der Gauja nur 90 Kilometer von der Mündung entfernt. Warum das so ist, erzählt ein uraltes lettisches Märchen. Die Quellen der Gauja und ihres kleinen Nebenflusses Tirza liegen nahe dem stillen Alaukste-See. An diesem See lebten einst zwei Schwestern, die schöne, kluge und umschwärmte Gauja und die gefallsüchtige, launische Tirza, die ihre Schwester einmal zu einem Wettlauf ans Meer aufforderte. Bei Sonnenaufgang sollten beide loslaufen, doch Tirza machte sich schon nachts auf den Weg, verirrte sich, weinte bitterlich und schlief am Ende ein. Gauja vermißte am Morgen die Schwester, ängstigte sich, suchte und fand sie. Stürmisch umarmten sich die beiden und hüpften und tanzten gemeinsam zum Meer. Auf den Spuren dieses Reigens fließt heute die Gauja windungsreich entlang.

Gauja und Tirza haben im fränkisch-schwäbischen Raum andere Namen: Wörnitz und Sulzach. Und die haben sogar noch sechs weitere Schwestern: Altmühl, Tauber, Fränkische Rezat, Zenn, Bibert und Wieseth. Alle acht haben ihre Quellen im Naturpark Frankenhöhe. Doch wie das bei acht Mädchen oft passiert, haben sie keineswegs die gleichen Lebensziele. Tauber und Fränkische Rezat (diese auf gewaltigem Umweg) streben dem Main zu und landen am Ende in der Nordsee, die Bibert trifft sich mit Schwester Rezat wieder, wenn diese schon Rednitz heißt, die Zenn wartet sogar so lange, bis aus der Rednitz nördlich von Fürth eine Regnitz geworden ist. Die Altmühl sucht ganz andere Wege, eilt zur Donau hin und nimmt ab Ornbau noch die Wieseth mit. Den Weg zur Donau wählt auch unsere „Gauja", die Wörnitz. Sie beginnt ihren Lauf in Schillingsfürst, findet aber erst in Wittelshofen ihre kleinere Schwester wieder, die Sulzach, unsere „Tirza". Die ist vom Kloster Sulz, nahe Schillingsfürst, ausgegangen, irrt allein nach Süden, bis Schwester Wörnitz nach Osten abbiegt und die Sulzach am Fuß des Hesselbergs umarmen kann. Und von da an tanzen die zwei gemeinsam am nördlichen Riesrand entlang, erspähen schließlich hinter Wassertrüdingen einen Durchschlupf, freunden sich im Ries mit der kleinen Eger an und erreichen schließlich, müde vom windungsreichen Reigen, in Donauwörth die Donau. Gut 90 Kilometer sind es im Tal der Wörnitz von Schillingsfürst bis Donauwörth, aber der Fluß mit seinen vielen Mäandern wird gewiß doppelt so lang sein.

Im Herzen Süddeutschlands – ein Blick auf die Karte beweist es – sind wir, wenn uns der Weg von der Frankenhöhe, an den Ufern des „Schlangenflusses" Wörnitz entlang, in den großen Krater führt, den das Ries bildet, die große Schüssel in Schwaben. Erdgeschichtlich gesehen ist der nördliche Teil dieser Landschaft, die Frankenhöhe mit ihrem Umland, recht bieder: Keuper, die geologische Hauptformation Frankens, neben Muschelkalk und Buntsandstein das Gestein des Erdzeitalters der Trias, in welchem die Fränkische Schichtstufenlandschaft entstand. Wem Geologie zu trocken ist, kann sie in diesem besonderen Fall auch feucht erfahren. Mit dem Pokal an den Lippen läßt sich der unterschiedliche Charakter des Frankenweins zwischen Bamberg und Aschaffenburg ergründen, den der Boden mit verschafft, je nachdem, ob die Rebe auf Keuper, Muschelkalk oder Buntsandstein gewachsen ist. Und der Keuper bringt zwischen Frankenhöhe und Steigerwald herrliche Weine hervor, nicht nur in so berühmten Lagen wie denen von Iphofen am Rand des Steigerwaldes, sondern auch an einem Ausläufer der Frankenhöhe, am Roten Berg in Weimersheim bei Bad Windsheim. Erdgeschichtlich weit dramatischer ist der südliche Teil des Wörnitzgebietes, das Ries. Diese Landschaft hat sich nicht in Jahrmillionen gebildet, sondern in ein paar Sekunden. Ein Meteorit von mindestens 700 Metern Durchmesser stürzte aus dem Weltall, schlug und glühte einen Krater von etwa 25 Kilometer Durchmesser in die Schwäbische Alb, der in unseren Tagen sogar einige Zeit die „Schulstube" der ersten Mondfahrer gewesen ist, die sich hier mit einem Meteoritkrater und seinen besonderen Gesteinen vertraut machen sollten, vor allem mit dem Suevit. Dazu hätten sie freilich nur von ihrem Gasthof in Nördlingen ein paar Meter zur mächtigen Sankt-Georgs-Kirche gehen müssen, die aus Suevit gebaut ist. Dieses, nach den Schwaben benannte Material, heute gern „Mondgestein" genannt, braucht zu seiner Bildung Drücke bis zu 300 Kilobar, Werte die nur von Einschlägen außerirdischer Körper oder bei Kernexplosionen erreicht werden.

Jede der beiden Landschaften, die Frankenhöhe um das Städtchen Schillingsfürst und das Ries um Nördlingen, hat ihren besonderen Reiz. Besonders an Werktagen kann der Wanderer hier wie dort noch Stille erleben. Niemand stört ihn in seinen Gedankengängen, die ihn auf einer luftigen Kuppe der Frankenhöhe oder neben einer Storchenwiese im Grund des Rieses um Millionen Jahre zurückführen könnten. Um gut 400 Millionen Jahre, in das Erdaltertum, in das Zeitalter des Devon. Damals hatte sich auf unserem Globus ein in West-Ost-Richtung verlaufender, riesiger Trog gebildet, angefüllt mit den Fluten des Urmeers Tethys, als dessen Reste heute das Mittelmeer und die in nordöstlicher Richtung folgenden kleineren Meere erhalten sind. Tethys, nicht umsonst weiblichen Geschlechts, hatte allerhand Launen, schwappte einmal in dieser, das andere Mal in jener Richtung aus, stieg an, fiel ab, bildete Inseln, Buchten und Lagunen. Daß solche Launenhaftigkeit durchaus positiv gesehen werden kann, sieht der Wörnitz-Wanderer rund um sich herum. Die launische Tethys wurde zur wichtigen Mitarbeiterin der großen Landschaftsarchitektin Natur, ließ hier Sedimente absinken, spülte dorthin Ablagerungen des Zufalls, sorgte für Austrocknung und neues Überfluten. An die 300 Millionen Jahre, bis an die Schwelle der Erdneuzeit herein, waren diese Kräfte am Werk, bauten auch das Fränkische Schichtstufenland und die Formationen des Jura und der Kreide auf. Aus einer Lagune des Tethysmeeres, gar nicht weit von Wörnitz und Ries entfernt, stieg vor etwa 150 Millionen Jahren der erste Vogel auf, sicher noch unbeholfen, aber immerhin im Federkleid. „Archaeopteryx lithographica" haben ihn die Wissenschaftler getauft, weil die einzigen Exemplare, bisher ein halbes Dutzend, sich als Abdruck im für die Lithographie so wichtigen Plattenkalk um Solnhofen im Altmühltal gefunden haben.

Eine stille Welt muß das gewesen sein. Die Tiere und Pflanzen sind noch unter sich. Die Lebewesen des sechsten Schöpfungstages, die Menschen, haben sich noch nicht aufgerichtet, doch wird jenen von ihnen, die einmal Bauern sein wollen, das fruchtbare Ackerland in Bayern vorbereitet, das „Tertiäre Hügelland", das man vor fünfzig Jahren in der Schule noch als „Schwäbisch-Bayerische Hochebene" lernte. Mitten in die friedliche Welt, in der gerade die Dinosaurier ausgestorben sind, kommt dann zwischen Frankenhöhe und Donau die große Katastrophe. Ein Stück Stern fällt vom Himmel. An einem heute nicht mehr feststellbaren Tag (würde es in der Sprache der Bürokraten heißen), vor etwa 15 Millionen Jahren, nähert sich aus dem Weltraum mit kosmischer Geschwindigkeit ein Meteoritensystem. Der größte Brocken, wie bereits erwähnt an die 700 Meter im Durchmesser, schlägt südlich des schon vorhandenen Hesselberges ein, erzeugt die unvorstellbare Hitze und den unfaßbaren Druck von 300 000 Hiroshima-Bomben. Wissenschaftler schätzen, daß bei diesem kosmischen Einschlag 250 Milliarden (in Zahlen 250 000 000 000) Tonnen Gestein in die Höhe geschleudert wurden. Alles was gelebt hatte, Pflanze und Tier, wird im weiten Umkreis im Bruchteil einer Sekunde getötet. Was bleibt, ist ein Krater, der sich mit Wasser füllt. Er ist an die 300 Meter tiefer als der heutige Rieskessel. Im Wasser lagern sich – als wollte die Naturgewalt das von ihr herbeigeführte Unheil lindern – vor allem Tone und Mergel ab, die nach dem Abfluß der Wassermassen als fruchtbarer Ackerboden auf die Rieser Bauern und ihre feinen Kartoffeln warten.

Die „Superbombe" aus dem Weltall traf gegen Ende des Tertiärs auf das heutige Ries. Jahrmillionen vergingen, Saurier starben aus, Säugetiere traten an ihre Stelle, irgendwann in einem Erdzeitalter namens Pliozän tauchte der erste Mensch auf. Ältestes, bisher gefundenes Zeugnis ist die Ausgrabung einer Frau in Äthiopien, die vor drei Millionen Jahren gelebt haben muß. Zwischen Frankenhöhe und Ries liegen die Dinge bescheidener. Den ältesten Nachweis menschlichen Lebens lieferte der Hohlenstein, eine Höhle bei Ederheim im Ries. Hier müssen vor etwa 30 000 Jahren, zur Altsteinzeit, Menschen gelebt haben, die sich „kannibalisch wohl fühlten", worauf Funde von Tier- und zerschlagenen Menschenknochen verweisen. Immerhin zeigte sich auch schon Kreativität. Man fand eine zerbrochene Kalksteinplatte, in die am Ende der Altsteinzeit ein kunstsinniger Frühmensch Frauengestalten und Wildpferde eingeritzt hat. In den Ofnethöhlen zu Holheim bei Nördlingen fand man nicht nur Schädelbestattungen aus der Zeit um 13 000 v. Chr., sondern auch Ketten aus Hirschgrandeln und Schneckenhäusern. Bis vor 10 000 Jahren bedeckten ja riesige Gletscher den europäischen Kontinent, drangen von Skandinavien und von den Alpen her vor, ließen dem Jäger Mensch und seinem Wild nur knappe Lebensräume, so auch im Bereich der Donau und ihrer nördlichen Nebenflüsse. Erst mit der Jungsteinzeit (ca. 4000-1800 v. Chr.), als das Land nun längst eisfrei war, wurde der Mensch zwischen Main und Donau seßhaft, baute Häuser, hielt Vieh und Haustier, legte Äcker an. Für die Bronzezeit (1800-1200 v. Chr.) belegt, von den Formen her, ein mit Schmuckstücken und Waffen gefülltes Gefäß, das man nahe Bühl bei Alerheim fand, Handelsbeziehungen vom Ries nach Ungarn und in das Rheingebiet. Noch reicher sind zwischen Frankenhöhe und Donau die Funde der Hallstattzeit, die meist aus Grabhügeln stammen. Die damals Mittel- und Westeuropa besiedelnden Kelten hinterließen auch Reste ihrer Höhensiedlungen, vor allem auf dem Ipf im Ries und dem Hesselberg im Wörnitztal, der ja seit der Jungsteinzeit den Menschen Schutz und Wohnung gewährt hat. Von den Römern, die 15 v. Chr. das süddeutsche Alpenvorland eroberten, soll das Ries seinen Namen haben, der sich vielleicht von „Raetia", dem Namen für die ganze neue Provinz herleitet. Mit dem Bau des Grenzwalles Limes, der von der Donau über den unteren Main bis zum Rhein verlief, sicherten sich die Römer bis 260 ein ausgedehntes Territorium nördlich der Donau, zu dem das ganze Ries zählte. Kastelle sind für Nördlingen (Septemiacum), Munningen (Losodica) und Oberdorf am Ipf (Opie) nachweisbar. Das obere Tal der Wörnitz hingegen lag im unbesetzten Germanien.

Im weiteren Verlauf der Geschichte teilten sich Alemannen und Franken das Gebiet zwischen Frankenhöhe und Donau, wobei die Grenzen nicht scharf umrissen werden können. Im sogenannten „Sualafeld", dem Land an der oberen Altmühl, lassen sich heute noch schwäbische und fränkische Gemeinsamkeiten finden. Hier stoßen ja die drei jetzigen bayerischen Stämme Franken, Schwaben und Altbayern aneinander. Allmählich bildeten sich politische Territorien heraus, von denen die meisten bis zur großen Umwandlung in der Zeit Napoleons Bestand hatten. Im Norden waren dies die Markgrafschaft Ansbach mit ihrem westlichen Vorposten Feuchtwangen, die Reichsstädte Rothenburg und Dinkelsbühl mit ihrem dazugehörigen Umland und die Herrschaft der Hohenlohe-Schillingsfürst. Im Süden, im Ries, wurden die später gefürsteten Grafen Oettingen mit ihren einzelnen Zweigen beherrschend, hatten lediglich die trutzige Freie Reichsstadt Nördlingen als Pfahl im Fleisch. Donauwörth, die südliche Pforte zum Ries und Mündungsort der Wörnitz, war zunächst eine zwischen Bayernherzögen und Kaisern umstrittene Reichsstadt, kam aber 1607 in Reichsacht, bei deren Vollzug sich Bayernherzog Maximilian den Besitz Donauwörths sicherte. Dieses Ereignis war einer der Anlässe zum Dreißigjährigen Krieg, der auch über das schöne Land zwischen Frankenhöhe und Donau viel Unglück brachte.

VON DER FRANKENHÖHE ZU DEN WÖRNITZWIESEN

Schillingsfürst – schönes Stiefkind an der „Romantischen Straße"

In Würzburg: die Residenz, „Europas schönstes Pfarrhaus", wie Napoleon sagte, Frankenweinherrlichkeit in großartigen Gewölben und gemütlichen Stuben, des Fürstbischofs trutzig-schöne Festung Marienberg mit dem „Mainfränkischen Museum" und dem eigenen Saal für Meister Tilman Riemenschneiders Skulpturen. Südwärts weiter: die vornehme Kuratmosphäre von Bad Mergentheim, Matthias Grünewalds Marienaltar in Stuppach, den Rittersaal und den steinernen Reigen der olympischen Götter in Weikersheim, in Creglingen Riemenschneiders geschnitzte Himmelfahrt Mariens, des großen spätgotischen Bildschnitzers Altäre auch in Detwang und Rothenburg. Ja, und dann dieses Rothenburg selbst, Urbild einer fränkischen Reichsstadt, Ziel aller, die nach extremster Romantik mit Märchen- und Puppenhäusern suchen und beim Anblick von Toren, Mauern und Wehrgängen nicht die Möglichkeit berücksichtigen, daß damit ja auch Kampf und Krieg verbunden gewesen sein kann. Im Vorbeigehen Einkauf in Rothenburgs Läden der „ewigen Weihnacht" und eine Münze in den Georgsbrunnen beim Rathaus, ganz so als wäre er der „Fontana di Trevi" zu Rom. Und wer hernach in der „Glocke" beim Plönlein einkehrt, kann die Juniorwirtin zum Lachen bringen, wenn er sie fragt, ob sie wirklich als Mädchen mit einem magnetischen Köder im Georgsbrunnen geangelt hat. Sie hat (und ich, der Autor, habe es selbst gesehen)!

Sehen Sie, liebe Leserin und lieber Leser, das alles haben Reisende auf der „Romantischen Straße" schon hinter sich, ehe sie nach Schillingsfürst kommen, in das Städtchen mit der Wörnitzquelle. Das heißt, wenn sie überhaupt hinkommen, wenn ihr Busfahrer oder sie selbst den kleinen Umweg über Schillingsfürst machen. Böse Menschen (und irgendwo in den hinteren Reihen derselben stehe ich auch mitunter herum) behaupten ja, die Reisenden auf der „Romantischen Straße", die meist aus dem Norden kommen, denken nach der Ausfahrt aus einem der Rothenburger Tore nur noch an die nächste Wallfahrtsstätte der extremen Romantik, am Ende dieser berühmten Touristik-Straße, an Neuschwanstein, dem Schloß des bayerischen „Märchenkönigs". Und gewiß haben die Teilnehmer von „Germany in seven days" auch absolut nur Zeit für Würzburgs Residenz, Rothenburgs Tore und Neuschwansteins Sängerhalle. Da können sie gar nichts dafür, daß ihnen Schillingsfürst unbekannt bleiben muß.

Da gibt es so eine Idee in mir. Ich möchte gern einmal einen „Romantischen-Straße-Test" machen. Wenn man da jedem, der diesen Weg in Würzburg antritt, zehn Kleinbildfilme mitgäbe und ihm sagte: „Mehr geht nicht." Würzburg? Selbst Knauserige brauchen da einen Film, bis Rothenburg mindestens noch einen. Und dann! Straßen, Gassen, Tore, Rathaus, Fachwerk, Innenhöfe, Wirtshausschilder, vielleicht wird gerade der Meistertrunk aufgeführt oder der Schäfertanz, vielleicht sind gerade „Reichsstadttage". Wie viele Filme? Jedenfalls ist der Rest zu klein für Feuchtwangen, Dinkelsbühl, Nördlingen, Donauwörth, Augsburg, Landsberg, Schongau, Wieskirche, Füssen und Neuschwanstein. Also bleibt Schillingsfürst den Leuten in den Fotokopieranstalten dieser Welt unbekannt, während sie alle Jahre Millionen von Motiven aus Rothenburg zu sehen bekommen. Dabei wäre das kleine Städtchen mit seinem riesigen Schloß wenigstens einen halben Film wert.

Der spanische Palast auf der Frankenhöhe

Das hat eben der eilige Reisende davon! Er wird es nie wissen, daß auch die kleineren Perlen an einer Kette ihren wundersamen Schimmer haben. Und darum möchte ich gern länger in Schillingsfürst verweilen, unverhältnismäßig lang. Ich möchte aufweisen, daß kleine und weniger marktschreierische Orte auch ihren Anteil am Weltgeschehen haben. Wissen Sie, daß zum Beispiel die französische Fremdenlegion auf unser Schillingsfürst zurückgeht und daß das Deutsche Reich zur Zeit Kaiser Wilhelms II. hin und wieder von diesem Städtchen aus regiert wurde? Doch alles der Reihe nach. Kommen wir doch erst einmal an, in Schillingsfürst, am besten von Nordwesten her, aus der Rothenburger Richtung. Da kommt uns der Wohnbach entgegen, ein Entführer, der fast alles Wasser, das in und um Schillingsfürst aus der Erde kommt, der nahen Tauber zubringt und der im Städtchen entspringenden Wörnitz das Quellendasein recht mühselig macht. Sie ist ja die Konkurrentin der zum Main eilenden Tauber, bringt ihr und ihrer Zuflüsse Wasser zur Donau. So scheiden sich schon einmal die Wasser im Stadtbereich, doch nicht nur die. Kaum fällt ins Gewicht, daß es Katholiken und Protestanten gibt, die beide ihre Kirche haben, doch was sich da unter dem Schloß als Ortskern ausbreitet, nennen die Einheimischen „Frankenheim", nur das Schloß und seine von höfischen Bauten gekennzeichnete Umwelt ist „Schillingsfürst".

Als „Xillingesfurst" erscheint der Ort erstmals im Jahr 1000 in einer Urkunde Kaiser Ottos III. Über die Bedeutung des Namens wird viel gerätselt. Fest steht, daß er weder mit einem „Fürst" noch mit Geld etwas zu tun hat, eher mit der Geländeform, die sich ja wie ein First ins Land heraus streckt. Und „Schilling"? Dazu hätte ich ein persönliches Angebot: in Schmellers „Bayerischem Wörterbuch" von 1837 steht „Schielen" oder „Schiel" für Scholle oder Klumpen und ein „Schiln" ist etwas langgestrecktes, zum Beispiel im Salzburgischen ein in der Reihe geschossenes Semmelbrot. Jedenfalls läßt sich zwischen 1156 und 1262 ein kleiner Beamtenadel derer von Schillingsfürst nachweisen, deren geringer Besitz dann offenbar an die weit mächtigeren Hohenlohe gekommen ist. Wer auf der „Romantischen Straße" angereist ist, hat deren Stammschloß schon fotografiert: Weikersheim. Dieses Adelsgeschlecht, das 1744 gefürstet wurde, herrschte über jenes weite Gebiet, das man heute als „Hohenloher Land" kennt. 1806 schlug Napoleon den größten Teil dem neuen Königreich Württemberg zu, der kleine Ostzipfel wurde als Fürstentum „Hohenlohe-Schillingsfürst" dem Königreich Bayern zugesellt. Die Menschen in beiden Teilen blieben bis heute was sie immer waren: Franken, Hohenloher, sehr bewußte.

Zuerst war auf dem heutigen Schloßhügel eine Burg, mehrfach zerstört und mehrfach wieder aufgebaut, bis sie 1780 endgültig abgerissen wurde. Da stand sie ja schon recht merkwürdig in Nachbarschaft des jetzigen Schlosses, das weit über das Hohenloher Land und die Frankenhöhe (auf deren höchstem Punkt sie gebaut ist) schaut. Philipp Ernst von Hohenlohe-Schillingsfürst (1744 vom Grafen- in den Fürstenstand aufgestiegen) war in diplomatischen Diensten zwischen 1714 und 1718 in Madrid gewesen und hatte sich dort bis über beide Ohren verliebt. Nicht in eine heißblütige spanische Schönheit, sondern in den Stadtpalast des Grafen Alberoni. Heimgekehrt holte er sich den französischen Architekten Louis Remy de la Fosse, der ihm in 28 Jahren sein Traumschloß genauso hinstellen mußte, wie er es zu Madrid gesehen. Es heißt, der Bau habe 365 Fenster, für jeden Tag des Jahres eines. Es heißt aber auch, daß der Fürst durch den Bau so arm geworden war, daß ihm als einziges Vergnügen der Blick aus einem seiner Fenster geblieben sei. Da auch Adelige schadenfroh sein können, nannten ihn seine Standesgenossen den „Fenstergucker".

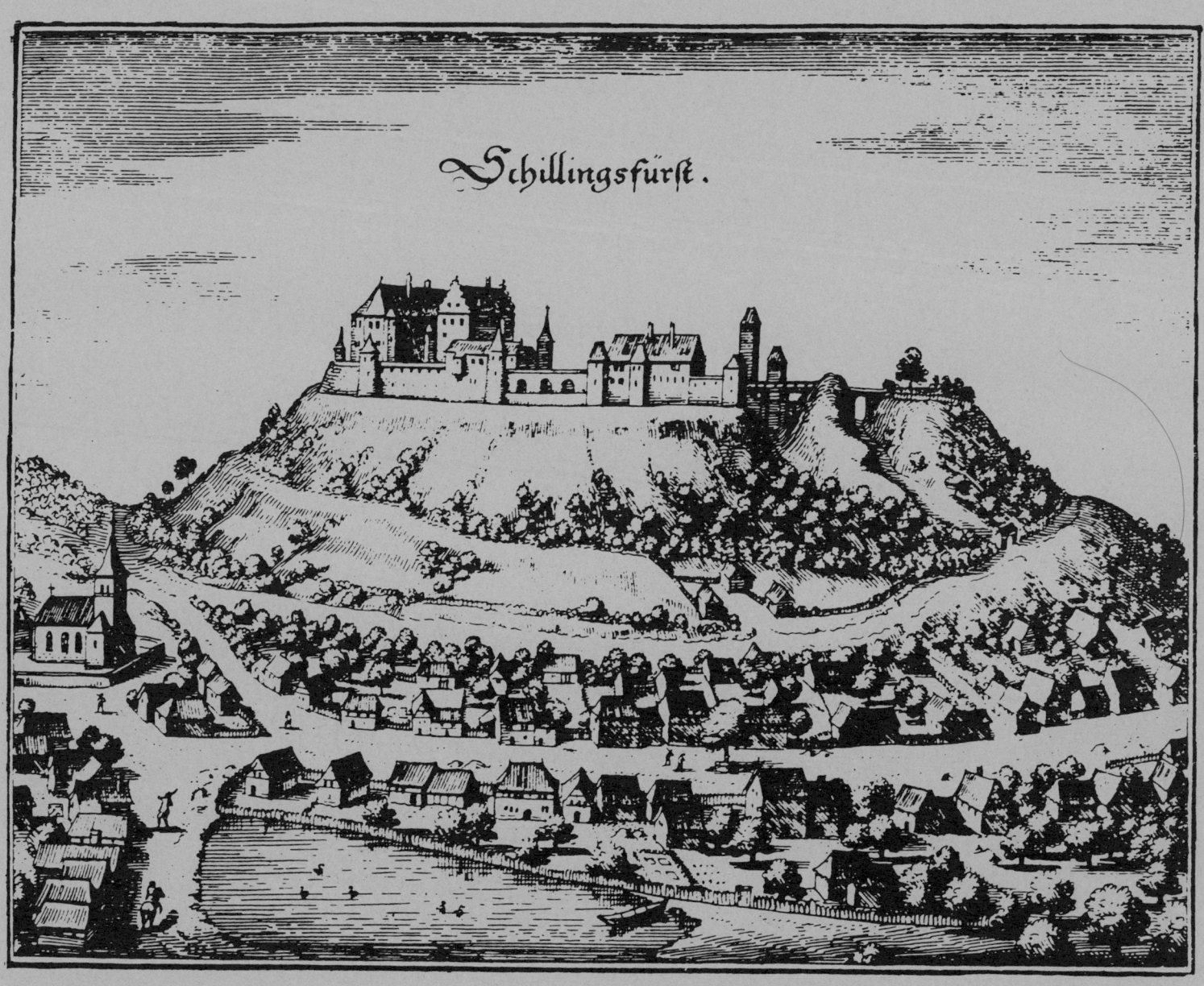

Jagdfalkenhof Schillingsfürst

Auf Schloß Schillingsfürst hat sich der „Bayerische Jagdfalkenhof" mit seinen majestätischen Greifvögeln eingenistet. Es handelt sich dabei um die gegenwärtig größte Falknerei Europas. Etwa 60 gefiederte Tiere von 25 Greifvogelarten, die in freier Wildbahn teils schon recht rar geworden sind, haben dort hoch über dem beginnenden Wörnitz-Tal eine fachlich betreute Heimstätte gefunden. Falken, Adler, Milane und Geier sind unter ihnen.

Besucht man den ganzjährig geöffneten Jagdfalkenhof – im Sommerhalbjahr sind von März bis Ende Oktober faszinierende Flugvorführungen zu sehen – so wird die Vergangenheit unwillkürlich wieder lebendig. Ein kreatürliches Naturschauspiel sondergleichen! – Die „Kunst mit Vögeln zu jagen" war früher ein Privileg des Adels. Schon der Hohenstaufen-Kaiser Friedrich II. frönte im 13. Jahrhundert diesem exklusiven Waidwerk. – Markgraf Carl Wilhelm Friedrich von Brandenburg-Ansbach betrieb im 18. Jahrhundert in seinem Ansbacher Fürstentum, etliche zehn Flugkilometer von Schillingsfürst entfernt, die Falkenjagd fast kultisch. Mit 51 Bediensteten hatte er in Triesdorf das größte Falknerkorps in deutschen Landen.

Der „Wilde Markgraf", wie er im Volksmund noch heute genannt wird, war unbestritten der größte Falkenier seiner Zeit. Zwischen 1730 und 1755 hat er auf diese Art in den Altmühlniederungen mehr als 34 000 Stück Wild zur Strecke gebracht. – So gesehen, schließt sich nach zweieinhalb Jahrhunderten der Kreis und stellt heute eine Verbindung zu dem Jagdfalkenhof auf der Frankenhöhe her.

Was aus der „Legion Hohenlohe" geworden ist

Der Sohn des „Fensterguckers", Fürst Karl Albert I., lebte bereits wieder auf größerem Fuß, war ein echter Vertreter des späten Absolutismus. Die Französische Revolution von 1789 war für ihn der Untergang seiner Welt. So fand der Fürst von Condé 1791 bei ihm und seinen Vettern offene Ohren, als er sie bat, die im Rheinland stationierten französischen Freiwilligenverbände, die vom deutschen Kaiser und den großen Fürsten als politisch mißliebig empfunden wurden, in ihren Landen aufzunehmen. Die „Legion Mirabeau" marschierte in schönster Ordnung und klingendem Spiel ins Hohenloher Land ein, fand auch in Schillingsfürst Quartier und erhielt Verstärkung durch zwei Regimenter, die von den Hohenlohe aufgestellt wurden. Und als dann sogar einige Zeit der Graf von Artois, Bruder des Königs von Frankreich, zu Gast weilte, war Schloß Schillingsfürst schier ein „neues Versailles" geworden. Die beiden deutschen Regimenter hielten immer treu zum französischen Königshaus, wurden bis 1829 von Hohenloher Fürsten kommandiert. „Legion Hohenlohe" hieß man diese deutsche Truppe in Frankreich noch lang nachher, bis nach dem Ende der Herrschaft der Bourbonen die Regimenter in „Fremdenlegion" umbenannt und zur Kolonialtruppe umfunktioniert wurden.

Verzwickte Verwandtschaft mit einem Musik-Genie

Vom Fürsten Franz Joseph, der 1807 die Herrschaft im nun bayerischen Schillingsfürst antrat, könnten heutige Politiker das Sparen lernen. Die wirtschaftlichen Verhältnisse waren lange Zeit so schlecht, daß nur noch drastische Maßnahmen helfen konnten, von denen sich aber der Fürst keineswegs ausnahm. Zunächst hatte er nicht einmal Geld zum Heiraten, wartete sieben Jahre auf den Tag, an dem er seine Jugendliebe, Prinzessin Constanze von Hohenlohe-Langenburg, heimführen konnte. Zwei Söhne aus dieser Ehe kamen zu hohen Ehren. Der 1819 geborene Fürst Chlodwig war von 1866 bis 1870 als Staatsminister des Königlichen Hauses und des Äußeren zugleich Vorsitzender des Ministerrats und damit bayerischer Ministerpräsident, 1894 bis 1900 leitete er als Reichskanzler die Geschicke des damaligen Deutschland, führte die Geschäfte mitunter auch von seinem Arbeitszimmer auf Schloß Schillingsfürst aus. Er, in Bayern geboren, war als Reichskanzler zugleich Innenminister Preußens!

Einen Teil des Schloßparks von Schillingsfürst nennt man den „Kardinalsgarten". Er erinnert an den um vier Jahre jüngeren Bruder des Fürsten Chlodwig, Prinz Gustav Adolf zu Hohenlohe-Schillingsfürst, der als Kardinal der Kurie in Rom vor allem dadurch von sich reden machte, daß er sich auf dem 1. Vatikanischen Konzil gegen das Dogma von der Unfehlbarkeit des Papstes wandte. In diesem Garten steht auch ein Denkmal für den gefeierten Komponisten und Pianisten Franz Liszt, der mehrmals in Schillingsfürst zu Besuch war. Seine Freundschaft mit den beiden Brüdern, vor allem mit dem Kurienkardinal, hatte auch verwandtschaftliche Hintergründe, wenn auch ganz verzwickte. Fürst Chlodwig war mit Marie zu Sayn-Wittgenstein-Berleburg verheiratet. Ein Verwandter der Fürstin, Nikolaus zu Sayn-Wittgenstein, hatte als Adjutant des Zaren eine reiche polnische Großgrundbesitzerstochter, Karoline, geheiratet. Diese Fürstin Karoline zu Sayn-Wittgenstein war von 1847 bis zu seinem Tod 1886 Liszts Lebensgefährtin. Die reiche, von ihrem Mann getrennt lebende Fürstin unterhielt ab 1861 in Rom ein großes Haus, in dem auch Prinz Gustav Adolf oft zu Gast war. Damals noch Monsignore, setzte er sich für eine Annullierung von Karolines Ehe ein, beinahe mit Erfolg. Später brachte er durch, daß Liszt zum Kanonikus von Albano ernannt wurde und damit – ohne Priester zu sein – eine purpurne Soutane tragen durfte. Noch heute wird im Dom zu Albano am 2. April eine von Kardinal Gustav Adolf „auf ewige Zeiten" gestiftete Messe gelesen, zum Dank für die Rangerhöhung Liszts, der 1865 bereits die „niederen Weihen" erhalten hatte. Die Verwandtschaft der Hohenlohe mit Fürstin

Karoline erhielt noch eine zweite Bindung, als Maria, deren einziges Kind aus der Ehe mit Wittgenstein, den Fürsten Konstantin heiratete, Chlodwigs und Gustav Adolfs Bruder.

Der Ochse, der in fürstlichen Diensten stand

Bei aller Schönheit des kunsthistorisch wertvollen Schlosses sollte ein freistehender Turm im Stadtteil Stilzendorf, am Ostrand von Schillingsfürst, nicht übersehen werden: der Wasserturm. Er ist ein ziemlich einmaliges Denkmal der Technik. Im Brunnenhaus ist zudem ein kleines Heimatmuseum untergebracht. Noch für die alte Burg, also vor dem Schloßbau, wurde das Brunnenhaus mit dem Wasserturm gebaut. Was mich betrifft, so habe ich dort draußen schon einmal einen „Reserve-Ochsen" gespielt. Die zur Anlage gehörende Pumpe wurde nämlich mit Hilfe einer leicht geneigt aufgehängten Scheibe betrieben, die ein Ochse durch „Gehen im Stand" bewegte. Tierschützer wird das Bild dieses „Ochsenmotors" kaum gefallen, doch sollte man nicht vergessen, daß es zu damaliger Zeit senkrechte Wassertreträder gab, in denen Menschen auf der Stelle traten, wie in einem Hamsterrad. Auf der Wülzburg bei Weißenburg ist so eine Anlage erhalten. Und für den Ochsen war es leichtere Arbeit, als einen Pflug über den schweren Ackerboden zu ziehen. Zudem konnte er sich mit seinem Ochsenverstand durchaus als Beamter des Hauses Hohenlohe fühlen. Manch anderer Bediensteter hat ja schließlich seine Karriere auch „auf der Ochsentour" gemacht.

Mit dem „Hitzling" zum „Gleismarodepink"

Wenn der „Hitzling" über der Frankenhöhe scheint und die „Flüchtlinge" singen, freut sich der Mensch. „Hitzling"? Das ist die Sonne und die „Flüchtlinge" sind die Vögel. Und wer einen Vogel zum Tierarzt bringen muß, bringt ihn zum „Gleistrampelmarodepink". So spricht zwar heute im schönen Schillingsfürst niemand mehr, doch das „Jenische", die einstige Sprache fahrender Leute, wird wenigstens noch gepflegt. Ich habe meine Weisheiten von dem wunderbaren alten Mann Ludwig Doerfler, dem Maler der Frankenhöhe, den nun auch schon der Rasen deckt. Er war die treibende Kraft der Schillingsfürster Heimattage und die wandelnde Chronik des Städtchens.

Daß etliche Schillingsfürster heute noch dieses „Rotwelsch" sprechen können, hat mit den Grafen Christian und Ludwig Gustav von Hohenlohe zu tun, die zwei Schwestern aus dem erzkatholischen Grafenhaus Hatzfeld geheiratet hatten und auf Wunsch der beiden Frauen 1667 zum alten Glauben zurückgekehrt waren. Die lieben Untertanen aber waren nur schwer wieder für die Katholische Kirche zu gewinnen. Der zweite Fürst unter den Hohenlohe, Karl Albert I., wollte dies um die Mitte des 18. Jahrhunderts geändert wissen. Er gründete oberhalb Frankenheims, wo die „aufsässigen" Protestanten saßen, einfach einen zweiten Ort und warb bei potentiellen Ansiedlern damit, daß er auf Vermögens- und Leumundsnachweise verzichten werde. Es ging ihm darum, mehr Untertanen und mehr Katholiken zu bekommen. Handwerker kamen vor allem, aber auch Leute, die ihr Gewerbe im Herumtreiben ausführten. Und die brachten die höchst poetische Sprache „Jenisch" auf die Frankenhöhe.

Zeit wird es zum Abschied. Die Quelle der Wörnitz, mitten in Schillingsfürst schön in Stein gefaßt und verziert, fordert uns ja schon lang zum Weiterwandern auf. Aber vielleicht sollten wir noch schnell einen Antrittsbesuch bei der Schwester der Wörnitz, der Sulzach, machen. Gar nicht weit entfernt, bei dem Dörfchen Ziegelhaus der Marktgemeinde Dombühl, finden wir ihre Quelle. In diesem lieblichen Tal liegt Kloster Sulz, vom 12. bis ins 16. Jahrhundert ein Prämonstratenserstift, das der Reformation zum Opfer fiel. Der Markt Dombühl gehört heute zur Verwaltungsgemeinschaft Schillingsfürst, ebenfalls Wörnitz, das seinen Namen vom Fluß hat. Dort müßte man einmal nachfragen, warum gut 50 Bürger von Wörnitz in einem Ortsteil leben müssen, der so unheilschwanger „Bösennördlingen" heißt. Vielleicht kommt das „Bösen-" vom alten Wort „Bößen" für einen verkrüppelten Baum. Aber warum dann „-nördlingen", wo wir es bis dahin doch noch ein gutes Stück Weges haben? Zunächst aber wandern wir erst einmal an der Sulzach abwärts, um dort das „Fränkische Vergißmeinnicht" zu suchen.

Feuchtwangens kurzer Reichsstadt-Traum

Offenbar hat man in der Stadt Feuchtwangen auch das Gefühl, die Reisenden auf der „Romantischen Straße" wären noch voll der Eindrücke von Rothenburg, oder, wenn sie von Süden kommen, ihre Augen hätten sich von Dinkelsbühl einstweilen sattgesehen. Es ist halt auch schwer, zwischen diesen beiden Städten zu liegen, mit deren Bild man freilich im ganzen gesehen nicht konkurrieren kann. Also nennt man Feuchtwangen mitunter das „Fränkische Vergißmeinnicht", will damit wohl auffordern, nicht auf der Umgehungsstraße vorbeizufahren, sondern auch hier nach Schönheiten und Sehenswertem zu suchen. Wie immer es auch sei: wer vorbeifährt, hat nicht wenig versäumt, und das gilt nicht nur für den romanischen Kreuzgang, der nun seit fast einem halben Jahrhundert durch seinen alljährlichen Theatersommer bekannt ist.

Mit der Nachbarstadt Crailsheim hat Feuchtwangen viel gemeinsam. Beide Orte entstanden im 8. Jahrhundert als Königshöfe, kamen beide an die Markgrafen von Ansbach und erhielten zur Napoleonszeit neue Herren: Crailsheim kam an Württemberg, Feuchtwangen an Bayern. Die zwei Städte lagen an der uralten Handelsstraße, die aus Sachsen und Böhmen über Nürnberg zum Oberrhein und nach Frankreich führte, in etwa dem Verlauf der heutigen Bundesstraße 14 folgend. Erst in neuester Zeit hat man im vorwiegend evangelischen Mittelfranken erkannt, daß auf diesem Weg einst viele Pilger auf einem der „Jakobswege" nach Santiago de Compostela zogen, der neben Rom und Jerusalem bedeutendsten Wallfahrt der Christenheit im Mittelalter. Die evangelische Kirche in Mittelfranken lädt nun auf Teilstücken dieses Weges zwar nicht zur Wallfahrt, sondern zu besinnlicher Pilgerschaft ein.

Neben dem Königshof Feuchtwangen, der strategisch günstig an der wichtigen Furt der Sulzach lag, blühte, ebenfalls im 8. Jahrhundert, ein Benediktinerstift auf, das Ende des 12. Jahrhunderts in ein Augustiner-Chorherrenstift umgewandelt wurde. Erste Urkunden aus den Jahren 817 und 826 beziehen sich auf das Kloster, dessen Gotteshaus, die heutige evangelische Pfarrkirche, das Stadtbild prägt. Mitte des 13. Jahrhunderts wird Feuchtwangen

bereits als königliche Stadt erwähnt, genoß also Reichsfreiheit, gleich Rothenburg und Dinkelsbühl. 1323 bestätigte Kaiser Ludwig der Bayer noch einmal ausdrücklich die Stadtfreiheiten, verpfändete aber (was damals allgemein üblich war) seine Stadt zweimal, deren Bürger sich mit Hilfe ihrer Wohlhabenheit jedesmal selbst auslösten. Noch einmal, 1376, wurde die Stadt, nun von Ludwigs Nachfolger Kaiser Karl IV., als Pfand gegeben, diesmal an den Burggrafen Friedrich von Nürnberg. Ob nun den Bürgern im dritten Pfandfall die Summe von 5000 Gulden zu hoch war oder der Zollerngraf Feuchtwangen zum Ausbau der späteren Markgrafschaft Ansbach behalten wollte – mit der Reichsfreiheit war es vorbei, Feuchtwangen wurde eine der Amtsstädte in der Hohenzollerschen Markgrafschaft, der größten weltlichen Macht in Franken.

„Tandaradei" aus dem grünen Sulzachgrund?

„...kust er mich wol tusentstunt: tandaradei, seht wie rot mir ist der munt." Walther von der Vogelweide: „Unter der Linde". Die Südtiroler sagen, der große Dichter des hohen Mittelalters sei bei den Vogelweiderhöfen des Lajener Riedes daheim, gleich oberhalb von Waidbruck. Genaues weiß man aber bis heute nicht. Aus dem österreichischen Raum soll er halt sein, meinen die Wissenschaftler. Da meldete sich in den sechziger Jahren der Würzburger Oberamtsrat Rudolf Bayerlein: seine Forschung habe ergeben, daß der Dichter des „Tandaradei" als Reichsministeriale Lehensherr auf dem Vogelweidhof gewesen sein muß. Und dieser liegt in der Gemarkung Aichenzell im Stadtbereich von Feuchtwangen! Der 1993 gestorbene frühere Ordinarius für Bayerische Geschichte an der Universität München, Professor Dr. Karl Bosl, kam 1969 nach Feuchtwangen und erklärte in einem Vortrag, daß eine Beziehung des Minnesängers zum Feuchtwanger Vogelweidhof eher wahrscheinlich als unwahrscheinlich sei. Eine ziemliche Sensation in der Literaturgeschichte! Es ist verständlich, daß die Feuchtwanger von dieser Äußerung mehr angetan sind, als die bayerischen Königstreuen von einer anderen Behauptung Bosls, daß nämlich der noch immer so heiß geliebte und hoch verehrte „Märchenkönig" Ludwig II. ein uneheliches Kind der Königin Marie und eines hohen Stallmeisters sei. Das war keine Sensation, das war ein Skandal!

Unbedingt nötig haben die Feuchtwanger den Minnesänger nicht. Sie können ja schon lang auf zwei, allerdings sehr unterschiedliche Dichterpersönlichkeiten verweisen. Am Ende des 10. Jahrhunderts, als das Feuchtwanger Kloster nach den Wirren der Ungarneinfälle reformiert werden mußte, schickte Bischof Luitpold von Augsburg Mönche aus der Abtei Tegernsee zu Hilfe, darunter auch den Pater und gelehrten Magister Froumund, der von 990 bis 993 in Feuchtwangen weilte. Die Bayerische Staatsbibliothek in München bewahrt aus seiner Hand geistreiche Verse und Briefe, die er von Feuchtwangen an seinen Tegernseer Abt geschrieben hat. Der zweite Literat gehört dem 20. Jahrhundert an, hieß auch wie die Stadt: Lion

Feuchtwanger, 1884 in München geboren und 1958 in Los Angeles gestorben. In seinen Romanen setzte sich Lion Feuchtwanger mit den ewig Rückschrittlichen und dem aufkommenden Nationalsozialismus der zwanziger Jahre auseinander. Er, Jude, schrieb auch den berühmten, im „Dritten Reich" zum Propagandafilm verarbeiteten Roman „Jud Süß". Die Vorfahren des Schriftstellers lebten bis zum Beginn des 16. Jahrhunderts in Feuchtwangen, dem Ort, nach dem sie sich nannten.

Von feinster Art: Feuchtwangens Heimatmuseum

Der Marktplatz ist Feuchtwangens Herzstück. Schöne Fassaden, teils mit Fachwerk, teils mit Treppengiebeln, umrahmen ihn, schauen zum barocken Röhrenbrunnen hernieder, auf dessen gußeisernen Platten man auch die Namenspatronin der Stadt erkennt: die Fichte. „Fichtenhang" bedeutet also der Ortsname. Die Nordwestecke des Platzes bestimmt der gotische Ostchor der ehemaligen Stifts- und heutigen evangelischen Pfarrkirche. Man muß sich allerdings auf den Kirchplatz begeben, um an der Westfassade noch den Eindruck der ursprünglichen Romanik erfassen zu können. Größter Schatz der im Lauf der Jahrhunderte mehrfach veränderten Kirche ist der spätgotische Flügelaltar, den Michael Wolgemut, Dürers Nürnberger Lehrmeister, 1483 selbst aufstellte. Besonders eindrucksvoll ist die gemalte Tafel der Geburt Christi, die wohl von des Meisters Hand stammen dürfte. Von hoher Qualität ist auch das Chorgestühl mit seinen Schnitzfiguren, die auf die Werkstatt des Ulmer Meisters Jörg Syrlin dem Jüngeren verweisen. Auch die Johanniskirche, im Gegensatz zur Klosterkirche einst das Gotteshaus für die Pfarrgemeinde, geht

Romanischer Kreuzgang

auf romanische Zeit zurück, dürfte mit einer karolingischen Vorgängerin sogar die älteste Kirche der Stadt gewesen sein, geistliche Mitte der Königspfalz, auch Taufstätte, worauf das Patrozinium Johannes des Täufers und das nahe „Taubenbrünnlein" hinweisen. Nun aber hinüber in das Geviert des auf zwei Seiten erhaltenen romanischen Kreuzgangs, der noch im 12. Jahrhundert entstanden sein muß, ehe die Benediktiner den Chorherren der Augustiner den Platz überließen. Daß man im Sommer hier gutes Freilichttheater und anspruchsvolle Konzerte aufführt, ist nicht der vielerorts wachsenden Mode der letzten Jahre entsprungen. Seit 1949 bieten hier Gastregisseure und ihre Schauspieler Stücke der Weltliteratur und vergessen dabei nicht die Theaterfreude der Kinder.

Wer sich den Kreuzgang nur durch die Fenster des unmittelbar angebauten Kaffeehauses anschaut, bemerkt freilich nicht die Handwerkerstuben mit den original erhaltenen Werkstätten eines Webers, Schusters, Zinngießers, Zuckerbäckers, Töpfers und Blaufärbers. Sie sind im Westbau des Kreuzgangs untergebracht und fordern natürlich auf, das „Fränkische Museum" in Feuchtwangen zu besuchen, dessen Nebenstelle die Handwerkerstuben sind. Dieses „Fränkische Museum" ist von feinster Art und auch Fachleute meinen, daß es zu den bedeutendsten Regionalsammlungen Frankens gehört. Bürgersinn hat seit 1902 alles zusammengetragen oder gar gestiftet. In einem historischen Bürgerhaus werden städtische und bäuerliche Stuben aus verschiedenen Epochen gezeigt, dazu Schätze an Trachten, Glas, Keramik und Zinn. Glanzstück ist die berühmte „Bischofsspritze" aus der Barockzeit. Der Fürstbischof von Eichstätt hat sie 1759 mit all ihren Schnitzereien seinem Städtchen Herrieden geschenkt. Die Technik ist noch immer einwandfrei, wenn sie auch vom Zierrat arg zurückgedrängt wird.

Nahe dem „Fränkischen Museum", an der Stadtmauer, hat der „Fränkische Sängerbund" das in Deutschland einmalige „Sänger-Museum" eingerichtet, eine zentrale Stelle zur Dokumentation und Geschichte des Laienchorwesens. Da kann man dann auch das Banner bewundern, das 1861 beim „Großen Deutschen Sängerfest" in Nürnberg im Winde wehte. Von ganz anderer Art sind die Exponate bei Herbert Werner im Stadtteil Zumhaus. Er hat das erste Fahrradmuseum Süddeutschlands eingerichtet, zeigt in zwei Stockwerken Modelle von den ersten Laufmaschinen bis zum modernen Liegerad. Da fehlt auch nicht ein merkwürdiges Tandem aus dem Jahr 1863, auf dem das Radlerpaar Rücken an Rücken sitzt! Historisches Radlergefühl läßt sich auch an einigen Nachbauten ausprobieren.

Die „Romantische Straße" bringt uns nun vom Tal der Sulzach wieder zur Wörnitz hinüber, zuerst einmal auf eine weite Anhöhe, die den Markt Schopfloch trägt. Kunstgeschichtlich läßt sich von ihm nur berichten, daß der Gasthof „Sonne" ein stattlicher Barockbau mit Mansarddach ist. Doch hat der Ort durchaus eine bemerkenswerte Geschichte. Die Schopflocher Männer waren früher dafür bekannt, daß sie selten daheim waren. Als Maurer und Steinhauer, aber auch als Händler und Hausierer zogen sie durch die Welt, weil sie die Heimat nicht ernähren konnte. Ein alter Friedhof erinnert an die einstige Schopflocher Judengemeinde, die um 1800 ein Drittel der Einwohner ausmachte. Ähnlich wie in Schillingsfürst hat sich auch hier eine „Geheimsprache" erhalten, die das „Lachoudische" genannt wird. Hebräisches und Jiddisches ist in ihr enthalten. „Morem" heißt da die Wurst und „Kasserem" das Schwein. In den siebziger Jahren habe ich in Schopfloch einmal den Postzusteller Heinrich Schneider auf seinem Dienstweg begleitet. Ich wollte wissen, wie er damit fertig wird, daß es in seinem Zustellbereich damals 61 Familien „Grimm", 28 „Hähnlein" und 26 „Fleischmann" gegeben hat. Der Postbote gehörte meiner Ansicht nach zur höchsten Intelligenz; denn aus den Absendern erkannte er in den meisten Fällen, welchem von den Grimm, Hähnlein oder Fleischmann die Post zugedacht war!

„Mit fünf Mark sind Sie dabei", in Dinkelsbühl

„Dinkelsbühl liegt zwischen dem Ufer der Wörnitz und einer sanften Anhöhe, einem Hügel auf dem sie zum Teil erbaut ist. Die reichen Wiesen sind unvergleichlich schön grün, und der bläuliche Fluß, der dazwischen hinfließt, hat mich als Knaben, zumal, wenn die Sonne draufschien und auf seinen sanften Wellen unzählige Sternchen silberhell funkelten, immer ganz ungemein ergötzt." Jetzt bräuchte ich eigentlich nichts mehr sagen über diese Stadt, wenn ihr ebenso frommer wie poetischer Sohn Christoph von Schmid am Tag Mariä Himmelfahrt des Jahres 1846, der zugleich sein 68. Geburtstag gewesen ist, so selig von ihr schwärmt. Sie kennen Christoph von Schmid nicht? Dann sind Sie eben zu spät geboren, obwohl es noch heute Kinder geben soll, die seine Geschichten, zum Beispiel „Genovefa" oder „Rosa von Tannenburg", vorgelegt bekommen. Wer früher seine Kinder durch Karl May oder den „Lederstrumpf" nicht erschrecken lassen wollte, gab ihnen

Denkmal des Christoph von Schmid

die Bücher des Geistlichen Herrn und Jugendschriftstellers. Ich weiß zwei Denkmäler von ihm: in Thannhausen im schwäbischen Mindeltal, wo er lange Zeit als Schulinspektor arbeitete, und eben in seiner Heimatstadt Dinkelsbühl, zu Füßen der riesigen Pfarrkirche St. Georg.

Kasimir Edschmid („Wenn es Rosen sind, werden sie blühen") werden Sie aber kennen? Büchner-Preisträger von 1928, Expressionist, viel auf Reisen gewesen. Mit wirklichem Namen hieß er übrigens auch Schmid, Eduard Schmid. Er spricht mir so ziemlich aus der Seele: „Rothenburg ohne Trompetenklang in der Luft, ohne das Drama des Blutes, ohne den Spuk der Geschichte in der hellen Sonne: das ist Dinkelsbühl." Na ja, „Spuk der Geschichte in der hellen Sonne", den haben die Dinkelsbühler schon auch. Sie spielen doch alle Jahre im Juli zehn Tage lang ein bisserl „Dreißigjähriger Krieg". Das ist während der Tage der „Kinderzeche", einem seit Jahrhunderten überlieferten Kinder- und Schulfest. Die „Kinderzeche", musikalisch prächtig herausgehoben von der berühmten „Dinkelsbühler Knabenkapelle", ist Spiel und Spaß, Essen und Trinken, eben eine „Zeche" für die lieben Kinder. Aber da ist ja noch das „Historische Festspiel". Es erzählt von der Belagerung der Freien Reichsstadt Dinkelsbühl im Dreißigjährigen Krieg. Die Schweden vor der Mauer. Und weil der Rat der Stadt – seit der letzten Belagerung durch die Kaiserlichen ist er wieder einmal katholisch – nicht gleich übergibt, will der schneidige Schwedenoberst von Sperreuth die Stadt brennen und plündern lassen. Da kommt die „Kinderlore" mit ihren unschuldigen Zöpfen und der noch unschuldigeren Kinderschar. Ihrem Bitten kann der harte Kriegsmann, der gerade sein eigen Söhnlein verloren hat, nicht widerstehen. Die Stadt ist gerettet. Der Obrist nimmt eines der Büblein auf sein Pferd, Tränen treten in seine Augen. Und ich hab mir schon oft gedacht, ob denn Christoph von Schmid vielleicht deshalb das Weihnachtslied „Ihr Kinderlein kommet..." (ach, das kennen Sie nun?) geschrieben hat, weil er ja die schöne Geschichte mit dem Oberst, der „Kinderlore" und dem Zug der frommen Kindlein gekannt hat.

Am liebsten möchte ich Sie ja jetzt allein lassen in diesem schönen, alten Dinkelsbühl. In so einer Stadt muß man ja nicht immer alle Zahlen und Daten wissen, so wenig wie die meisten Tortenesser das Rezept der sahnigen Köstlichkeit interessieren muß. Ganz im Ernst: Dinkelsbühl eignet sich so ganz besonders zum „Einfach so Herumgehen". Weil Sie aber Ihr Auto brav auf einem der vielen Parkplätze vor der Stadt stehen ließen, sollen Sie nicht leer ausgehen, will ich Ihnen doch ein paar Dinge sagen, damit Sie beim Heimkommen nicht rot werden müssen, wenn man Sie beispielsweise fragt: „Ja, hast Du auch auf den Knopf mit der Stadtbeleuchtung gedrückt?" Ich sage Ihnen, wo er ist: am nordöstlichen Eck der Schranne, ganz nah beim „Deutschen Haus", dessen prachtvolle Fachwerkfassade Sie doch neulich erst wieder im Großbildkalender Ihres Heizölhändlers gesehen haben. Wenn Sie da am Eck der Schranne in einen kleinen Kasten ein Fünfmarkstück einwerfen, dann gehen in Dinkelsbühl auch mitten in der Nacht noch einmal alle Lichter an, die von der Stadtillumination wenigstens. Also: mit fünf Mark sind Sie dabei! Das ist übrigens das einzige, was mich bisher daran gehindert hat, nach Dinkelsbühl zu ziehen. Ich möchte mich nicht von jedem dahergelaufenen Besitzer eines Fünfmarkstücks Nacht für Nacht aus dem Schlaf reißen lassen. Ich nicht!

Ein Stück Sozialgeschichte beim Stadtrundgang

Wenn wir den schönsten Eingang von Dinkelsbühl wählen, dann kommen wir im Osten durch das Wörnitztor herein. Da steht links das Alte Rathaus und davor findet alle Jahre die rührende Szene zwischen dem Schwedenoberst und der Schar der „Kinderlore" statt. Vom Altrathausplatz ist es nicht weit zum ehemaligen Karmelitenkloster. An einer Wand im Hof sieht man dort die Statue jenes „Dinkelbauern", den die Sage zum Gründer und Namenspatron der Stadt macht, auf deren „Bühl" ja auch ganz gewiß einst Dinkel angebaut wurde. Also trägt Dinkelsbühl einen sprechenden Namen, wenn sich auch Lokalhistoriker auf einen Gutsverwalter „Thingolt" berufen. Freilich ist nicht gesagt, daß die Figur im Karmeliterhof ein Dinkelbauer sein muß; es könnte ja auch der heilige Isidor sein, der ein spanischer Bauer gewesen ist.

Tatsache ist, daß 1188 „Tinkelspuhel" erstmals in einer Urkunde erwähnt wird, in der Kaiser Friedrich Barbarossa den Marktort mit anderen staufischen Hausgütern seinem Sohn Konrad von Rothenburg als Heiratsgut schenkt. Die Furt an der Wörnitz muß schon im 10. Jahrhundert befestigt gewesen sein. Hier kreuzten sich zwei wichtige Handelswege. Der eine führte von Italien über Augsburg herauf nach Norden, der andere zog von Krakau über Prag und Nürnberg an den Oberrhein. Auf letzterem reiste Goethe 1797 von der Schweiz über Stuttgart und Ellwangen wieder nach Weimar, blieb am 4. November zu Dinkelsbühl zum Mittagessen im heutigen „Drei Mohren" und vermeldete der Nachwelt: „Die Stadt hat eine fruchtbare Lage, ist alt, aber reinlich..." Den Kreuzungspunkt markiert heute das gotische Münster St. Georg, die beiden Straßenzüge verlaufen zwischen Nördlinger und Rothenburger Tor sowie zwischen Wörnitz- und Segringer Tor. Viele Leiden schafften sich die Dinkelsbühler im 16. und 17. Jahrhundert mit dem Streit um den rechten Glauben, während das Verhältnis zwischen dem Patriziat und den Handwerkerzünften schon 1387 mit dem „Richtungsbrief" recht gut geregelt war. Immerhin läßt sich bei einem Stadtrundgang Unterricht in der Sozialgeschichte einer Reichsstadt nehmen, wenn man die kostbaren Fassaden in den breiten Hauptstraßen, an der Spitze das wunderschöne „Deutsche Haus", betrachtet und dann in das Gassengewirr mit den niedrigeren und einfachen Bauten der Handwerker eindringt. Vertiefen kann man sein Wissen über die Stadt im „Historischen Museum", das im einstigen Spital untergebracht ist. Von ganz besonderer Art ist das in der Stadtmühle beim Nördlinger Tor untergebrachte „Museum 3. Dimension". Das weltweit bisher einzige Museum dieser Art zeigt in einem Gang durch Jahrhunderte die Versuche,

„Dinkelbauer" als Namenspatron

optische Illusion und räumliche Tiefe darzustellen, von der Entdeckung der Zentralperspektive im 15. Jahrhundert bis zur Holographie unserer Tage.

Der kunsthistorische Höhepunkt Dinkelsbühls ist das Münster St. Georg, von 1448 bis 1499 von dem aus Alzey stammenden Baumeister Nikolaus Eseler und seinem gleichnamigen Sohn errichtet. Daß die Meister und damit das Konzept nicht wechselten, hinterließ uns ein Raumbild von beeindruckender Geschlossenheit und brachte St. Georg den Ruf ein, die schönste Hallenkirche Süddeutschlands zu sein. Großartig auch die Reihe der meist neugotisch gefaßten Altäre. Mitte des Hochaltars ist eine spätgotische Schreintafel, eine Bamberger Arbeit. Dargestellt ist die Kreuzigung Christi, wobei das Kruzifixus als Schnitzwerk auf die Bildtafel aufgesetzt ist. Der Ziboriumsaltar an der Rückseite des Hauptaltars umschließt die „Dinkelsbühler Madonna", ein als wundertätig verehrtes Marienbild. Eine eindrucksvolle fränkische Madonna (um 1490) befindet sich an der rechten Chorbogensäule, ihr gegenüber ein besonders schönes Exemplar eines Sakramentshäuschens. Ernste Ermahnung kann man sich aus der um 1520 gemalten „Zehngebotetafel" holen, wo Bildern zu den Zehn Geboten weitere zehn drastische Darstellungen der Bestrafung durch die ägyptischen Plagen gegenüberstehen.

Viel gibt es zu sehen im schönen Dinkelsbühl. Doch sollte man keineswegs einen Gang um die Stadt versäumen, der durch fußgängerfreundliche Promenaden zu einem erholsamen Spaziergang wird. Da spiegeln sich in Wassergräben und fischreichen Weihern die Türme, Tore und Mauern der Stadt, in der man als Gast rasch das Gefühl bekommt, daß hier ein besonderes bürgerliches Zusammengehörigkeitsgefühl vorhanden ist, das aus dem Bewußtwerden der Geschichte herrührt und vom gemeinsamen Wunsch nach weiterer Behauptung ständig genährt wird. Vielleicht hat das die Schriftstellerin Ricarda Huch auch gespürt, als sie 1927 schrieb: „Ist Dinkelsbühl auch eine lebende und gedeihende Stadt, so bewahrt seine Gestalt doch das Vergangene und taucht dadurch in die Re-

gion der Ewigkeit." Mit diesen Worten einer ebenso klugen wie einfühlsamen Frau nachdenklich gemacht, wollen wir den Türmen und Toren von Dinkelsbühl und all den vielen „Kinderloren", die noch in der Pracht ihrer Zöpfe einen alten Haudegen rühren werden, zum Abschied zuwinken.

DURCHS GRÜNE WIESENTAL ZUM HESSELBERG

Ein Bauernland mit allerhand Überraschungen

Ein paar Kilometer müssen wir von Dinkelsbühl aus noch den Weg mit den vielen Reisenden auf der „Romantischen Straße" teilen. Dann biegen wir mit der Wörnitz nach Osten ab ins ruhige, grüne Bauernland um den Hesselberg, kommen durch kleine Märkte und große Dörfer, denen der Massentourismus glücklicherweise wenig oder gar nichts abgewinnen kann. So können wir so manche Überraschung für uns selbst behalten. Am Ende schauen wir schon ins Ries hinein, dessen kreisrunde Form wir vorher schon beim Blick vom 689 Meter hohen Hesselberg, dem höchsten Berg Mittelfrankens, erkennen können.

Ein paar Kilometer südlich von Dinkelsbühl zweigt rechts eine Straße nach Mönchsroth ab, wo die evangelische Friedhofskirche einen Besuch wert ist. Sie ist alles, was vom einstigen Benediktinerkloster übrigblieb, das 1525 im Bauernkrieg weitgehend zerstört wurde. Für Dinkelsbühl hatte Mönchsroth in kirchlicher Hinsicht bis zur Reformation große Bedeutung. Der berühmten Abtei Hirsau unterstellt, hatte das Filialkloster Mönchsroth das Besetzungsrecht auf die Pfarrei St. Georg in der Reichsstadt. Bis 1238 war St. Georg sogar eine Filiale vom heutigen Stadtteil Segringen, einer Urpfarrei, die mit Dinkelsbühl an Mönchsroth kam. Der dortige, aus Nördlingen stammende Propst Melchior Röttinger trat erst 1532 dieses Recht an die Stadt ab, nachdem zwei von ihm eingesetzte Pfarrer durch ungeschickte Amtsführung den Reformationswilligen in Dinkelsbühl Auftrieb gegeben hatten. In der Mönchsrother Friedhofskirche kann man das Bildnis des 1557 gestorbenen Propstes Röttinger auf einem Epitaph sehen, wenn auch das bedeutendste Kunstwerk der „Mönchsrother Christus" ist, Teil einer Kreuzigungsgruppe aus der Zeit um 1500. In der Predella des Choraltars wird ein barockes Abendmahlsgemälde von den Figuren der Verkündigung flankiert.

Mönchsroth liegt im Tal der Rotach, die beim Nachbardorf Wilburgstetten in die Wörnitz mündet. Hier verlassen wir nun die „Romantische Straße", die als Bundesstraße 25 nach Nördlingen zieht. Die Wörnitz nähme auch gern diesen direkten Weg ins Ries, doch der Kraterrand ist ihr im Weg. So muß sie sich langsam dahinschlängelnd am Nordrand des Rieses nach einem Eintritt umsehen, der ihr erst bei der Stadt Wassertrüdingen gewährt wird. Von Wilburgstetten an reisen wir einige Zeit am Rand des einstigen Römerreiches. Südlich des Ortes, an der B 25, erinnert ein von König Maximilian II. im Jahr 1861 errichteter Gedenkstein an den Limes, der hier, von Lorch herkommend, in schnurgerader Linie die Straße kreuzt und über Ruffenhofen und Unterschwaningen nach Gunzenhausen verläuft. Wer all die Stellen suchen will, die um den Hesselberg den einstigen römischen Grenzwall markieren, erfährt Genauestes in dem Buch „Der Limes in Bayern", das im Konrad Theiss Verlag erschienen ist. An den Hauptsachen werden auch wir nicht achtlos vorbeigehen.

Weiltingen, ein stattlicher ländlicher Markt, der sich noch einige Reste seiner Umwehrung bewahrt hat. Wie so viele Ortsnamen um den Hesselberg mit der Endung „-ingen" weist der Name des Marktes auf eine Gründung der Alemannen hin. Und bis 1810 war der Ort auch württembergisch, stand hier sogar eine Herzogsresidenz, die angeblich (wie diejenige der Hohenlohe in Schillingsfürst) 365 Fenster und 80 Räume gehabt haben soll. 1810 unter bayerische Herrschaft gelangt, wurde das Schloß auf Abbruch verkauft und verkam als Steinbruch. Manche Häuser in der Umgegend mögen mit diesen fürstlichen Steinen gebaut sein. Erhalten blieb das noch 1786 erbaute Oberamtshaus, das heute als Pfarrhof dient. Ein Kleinod ist der spätgotische, großartig geschnitzte Flügelaltar in der evangelischen Pfarrkirche St. Peter, dessen wunderschöne Tafelbilder 1514 der Nördlinger Hans Schäuffelin gemalt hat. Aus der frühen Gotik stammt die kleine Dorfkirche im Nachbarort Ruffenhofen. Alles ist hier bäuerlich schwer, gedrungen und von beeindruckender Schlichtheit. Man sehe sich nur die Balkendecke an oder das grob behauene Gestühl! Der heutige Pfarrer ist ein guter Hüter seines Hauses, hat einen Kronleuchter für die Decke und Kerzenhalter für die Sitze selbst geschmiedet, braucht kein elektrisches Licht.

Südöstlich des Dörfleins Ruffenhofen liegt im Erdreich einer Bodenerhebung ein Ausstattungsstück des römischen Weltreichs begraben: ein Kohortenkastell. Wenn man auch über seine Geschichte und seinen Namen nichts weiß, so war es doch die wichtigste Militärstation auf dem Limes-Abschnitt im Bereich des Hesselbergs, den die Römer ja damals in ihr Reich mit einschlossen, damit ihnen kein Germane in die Badewannen der Kastell-Therme schauen kann. Es steht nämlich auch fest, daß ein Bad zu diesem Kastell gehörte (wie sich das ja auch bei den Römern überhaupt gehörte). Heute ist in der Nähe ein kleiner Badeweiher aufgestaut, den der Denzengraben füllt, der den Römern damals eine praktische Wasserversorgung gewesen ist. Zum Militärlager gehörte auch eine kleine Zivilsiedlung, ein „Vicus", wie Funde in den Fluren um den Denzenbach annehmen lassen. Ein einzelner Baum und, beim Näherkommen, eine Hinweistafel markieren die Lage des Ruffenhofener Kastells.

In Wittelshofen gibt es zwei Brücken. Die eine führt über die Wörnitz, die andere über die Sulzach. Die beiden Flußschwestern treffen sich hier endlich und gehen den Rest des Weges zur Donau gemeinsam. Es gehört sich schon, daß wir nun die Sulzach noch ein Stück aufwärts wandern. Da wartet in der Pfarrkirche von Dorfkemmathen, die vor der Reformation eine Marienwallfahrt gewesen ist, ein schöner Flügelaltar der Spätgotik auf uns. Ihn schmückt ein Marienleben, in dessen Mitte eine Madonna von großer Schönheit ist. Der neu bearbeitete Kunstführer „Dehio" billigt der aus Ton gebrannten und farbig gefaßten Figur „größte kunsthistorische Bedeutsamkeit" zu, da es wertvolle Arbeiten dieser Art nur wenige gibt. Noch weiter oben im Tal der Sulzach liegt der Markt Dürrwangen, der als Reichslehen im Besitz der Grafen von Oettingen war. Das ehemalige Schloß, ein Barockbau aus der Zeit um 1720, ist heute als Forstdienststelle eingerichtet.

Hesselberg mit Wörnitz

Im Bannkreis des Hesselberges

Der 689 Meter hohe Hesselberg mit seinem langgestreckten Rücken ist geologisch gesehen ein „Zeugenberg", weil er in seinem Querschnitt – wie eine Torte – die drei Hauptstufen des Jura zeigt. Von unten nach oben sind das der Schwarze, Braune und Weiße Jura. Umgeben aber ist er fast ganz vom Keuper des Fränkischen Schichtstufenlandes. Geographisch gesehen ist er eine ungemein markante Landmarke und im historischen Sinn ist er wiederum ein Zeugenberg, weil er ab der Jungsteinzeit bis in die Zeit der Alemannen Zeugnis für menschliche Besiedlung abgibt. Besonders in den letzten Jahrzehnten aber wurde der Hesselberg auch zu einem Symbol des Glaubens. An seinem Hang wird in den Bauten der „Evangelisch-Lutherischen Volkshochschule Hesselberg" viel getan, damit Religion und Welt besser zusammenpassen. An jedem Pfingstmontag aber kommen Tausende zum „Bayerischen Kirchentag", der größten Veranstaltung der Evangelischen Landeskirche in Bayern.

Wie der Hesselberg nach dem Absinken des Jurameeres als Landmarke stehengeblieben ist, kann man sich auf einer Wanderung auf dem Geologischen Lehrpfad von einzelnen Tafeln erzählen lassen. Der Pfad beginnt bei Wittelshofen und führt in knapp zwei Stunden auf die aussichtsreiche Höhe, von der die Sicht bei klarem Wetter bis zu den Alpen reicht. Wer dort oben in die Runde schaut, sollte auch der Bauern gedenken, die sich 1525 hier heroben trafen, um die Besserung ihres Loses zu beraten. Viele von ihnen starben hernach in der Bauernschlacht beim nahen Ostheim. 1791 kam der Berg mit der Markgrafschaft Ansbach-Bayreuth an die Preußen. Am 10. Juni 1803 erklommen Königin Luise, König Wilhelm III. und ein großes Gefolge hoch zu Roß den Berg und waren vom Ausblick auf ihr neues Land angetan, das ihnen aber nur noch drei Jahre gehören sollte.

„Sic transit gloria mundi" könnte man sagen, wenn man über eine Wörnitzbrücke hinüber nach dem Dorf Aufkirchen fährt. Natürlich nur, wenn man weiß, daß dieser Ort, 1188 in einer Urkunde Kaiser Barbarossas erwähnt, zur Stauferzeit eine kleine Stadt war, ja manche Historiker sprechen ihm sogar den Status einer Reichsstadt zu. Wieder einmal auf dem Pfandweg kam Aufkirchen dann 1251 an die Grafen von Oettingen, sank zur Landstadt und schließlich zum Dorf herab. An die besseren Zeiten erinnern eine stattliche gotische Kirche und das schöne Rathaus, ein Fachwerkbau von 1634. Heute gehört Aufkirchen zur Gemeinde Gerolfingen, einem Dorf am Südabhang des Hesselberges.

Der idyllische Kreutweiher am Ende des Moosgrabens bei Dambach hat schon belebtere Zeiten gesehen. Trotz der Feuchtigkeit des Geländes stand hier ein Kohortenkastell, merkwürdigerweise unmittelbar am römischen Limes, was für eine Militärstation dieser Größe ungewöhnlich ist. Auch hier läßt sich eine dazugehörige Zivilsiedlung nachweisen, ja sogar ein kleines Amphitheater, dessen Umrisse sich im Wald östlich des Weihers abzeichnen. Wer länger auf der Spur der Römer bleiben will, hat es nicht weit bis zum nächsten Kastell bei Unterschwaningen. Es stand in der Nähe des heutigen Haltepunktes der Bahnlinie Gunzenhausen – Nördlingen. Wären bei all den genannten Kastellen keine Hinweisschilder vorhanden, könnte unsereins als Laie kaum auf die Idee kommen, hier eine einstige Militärstation der Römer zu suchen.

Unterschwaningen hat freilich noch anderes zu bieten, als ein verschwundenes Römerkastell. Die Einwohner nennt man ja noch heute „die Markgrafen", weil hier im 18. Jahrhundert einige Zeit eine Nebenresidenz des feudalen Hofes der Ansbacher Markgrafen bestand. Schon 1610 war im Dorf ein Schloß gebaut worden, das 1630 durch Kauf wieder in die Hände der Vorbesitzer, der Ansbacher Markgrafen, gelangte. 1712, im dritten Jahr seiner Ehe, schenkte Markgraf Wilhelm Friedrich das Schloß und die Herrschaft Unterschwaningen seiner Gemahlin Christiane Charlotte von Württemberg. Die baufreudige Fürstin ließ die Anlage bis 1719 zur Sommerresidenz ausbauen, doch 1729 nahm der 35jährigen ein früher Tod weitere Pläne aus der Hand, nachdem sie, 1723 Witwe geworden, die Markgrafschaft mit guter Hand regiert hatte. Nachfolgerin und Vollenderin von Schloß Unterschwaningen wurde ihre blutjunge Schwiegertochter Friederike Louise, eine jüngere Schwester des Preußenkönigs Friedrichs des Großen, der bald sein Urteil über diese Ehe abgab: „Sie hassen sich wie Hund und Katz!" Ihr Gemahl Carl Wilhelm Friedrich, den man den „Wilden Markgrafen" nannte, heiratete schon im zweiten Ehejahr „zur linken Hand" ein schönes und lebensfrohes Mädchen aus dem Volk, Eva Elisabeth Wünsch, die Stammutter derer „von Falkenhausen". Friederike Louise zog sich von da an aus der Ehe zurück und schuf sich ihre Residenz zu Unterschwaningen, wo sie bis zu ihrem Tod im Jahr 1784 blieb. Ihr Werk ist noch größtenteils zu sehen, wenn auch das Schloß mit dem Ehrenhof und einem Kanal 1806 vom neuen Besitzer, dem bayerischen Staat, verkauft und aufgeteilt wurde, so daß Teile davon heute als Bauernhöfe weiterleben. Im vollen Glanz aber steht noch die Kirche, die Friederike Louise ab 1738 nach Plänen des Ansbacher Hofarchitekten Johann David Steingruber im typischen „Markgrafenstil" erbauen ließ, bei dem die Kanzel in den Altar einbezogen ist.

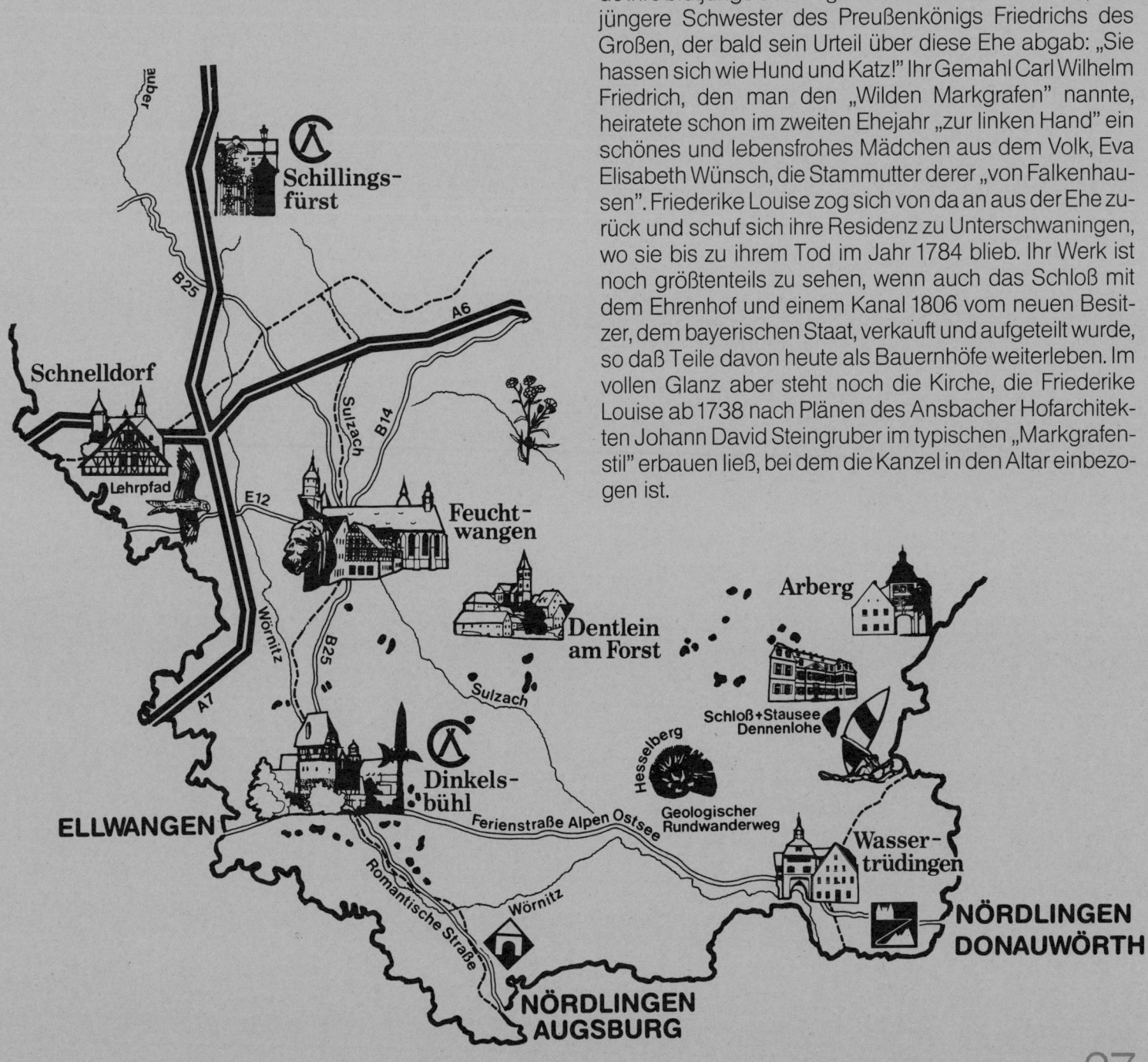

Verträumter Bienenfleiß in Wassertrüdingen

Johann David Steingruber, der Ansbacher Baumeister, der nicht nur das Bild der barocken Residenz mitgeprägt, sondern auch den „Markgrafenstil" im Kirchenbau aufs Land hinausgebracht hat, kam 1702 in Wassertrüdingen als Sohn eines Maurermeisters zur Welt. Was er beim Vater gelernt, vervollkommnete er beim Ansbacher Hofbaudirektor Johann Wilhelm von Zocha, dem der größte Teil der Schloßpläne von Unterschwaningen zu danken ist. Steingruber, der 85 Jahre alt wurde, baute über 50 Kirchen, einige Rathäuser, war an Schloßbauten beteiligt und entwarf an die 250 Wohnhäuser. Bienenfleiß. Und der ist auch beim Besuch seiner Heimatstadt überall zu bemerken, zugleich aber auch ein gesunder Schuß von Verträumtheit, wie ja auch zum wackersten Schuhmachermeister seligen Angedenkens immer ein Maß an Versponnenheit gehörte, die aus der gläsernen Lichtkugel zu kommen schien. Und so gibt es in dem Städtchen an der Wörnitz neben bekannten und weniger bekannten Industriebetrieben noch altes Handwerk, ein Stadttor mit Fachwerk im Oberbau und natürlich ein Schloß, wenn auch nur ein ehemaliges. Dort saß bis zum Anschluß an Bayern ein Oberamt der Markgrafschaft Ansbach, zu der Wassertrüdingen 1371 gekommen war, nachdem es ab 1240 den Grafen von Oettingen und ab 1366 für fünf Jahre den Hohenlohe zugehört hatte. Das Langhaus der ursprünglich gotischen Pfarrkirche hat natürlich Johann David Steingruber gebaut, 1738 bis 1740, und den Umbau des Schlosses wird er sicher auch besorgt haben.

Wassertrüdingen war gewiß am Anfang im Besitz der Grafen von „Truhendingen", deren Stammburg Hohentrüdingen vom Westhang des Hahnenkamms ins Wörnitztal herunterschaut. Das heißt: nur der Turm steht ja noch und der ist zum Glockenträger und Aussichtsturm geworden. Zu Hohentrüdingen kehrte der Minnesänger Wolfram von Eschenbach oft hungrig ein, lobte dafür sogar in seinem Meisterepos „Parzival" die Hausfrau und ihre „Truhendinger Pfanne". Drei „Truhendingen" gibt es ja in der Gegend: Hohen-, Alten- und eben Wassertrüdingen, drei historisch zusammenhängende Orte in jenem Landstrich, der einst der alemannische Gau „Auf dem Sualafeld" gewesen ist. Von Hohentrüdingen aus ist das alles gut zu überblicken, noch schöner vom Spielberg aus, der ein Schloß der Oettingen trägt, natürlich auch vom Hesselberg, das sowieso. Aber man sollte auch einmal die Perspektive des Sperlings ausprobieren, die Sicht aus dem flachen Wiesen- und Ackerland, das sich zwischen Wasser- und Altentrüdingen ausbreitet: ein herrliches Stück Franken, das am nahen Horizont die Aussichtspunkte nun als Blickfang hat: den Hesselberg, den Spielberg, den Hahnenkamm, den klobigen Turm von Hohentrüdingen. Es liegt so viel Beruhigendes in diesem Bild, weit und breit keine Hektik, nichts Bizarres regt auf, und doch ist die Landschaft nicht wesenlos, sondern hat ihre eigene Art, mitgeprägt von den Menschen, die hier seit der Steinzeit eine Bleibe gefunden haben.

Die „nasenlosen Heiligen von Auhausen"

Eine Schlucht ist es nicht, durch die sich die Wörnitz den Eingang ins Ries gegraben hat. Sanftes Gehügel zu beiden Seiten und noch genügend Talboden für Felder und Wiesen. Nur ein paar Kilometer sind es von Wassertrüdingen bis zum Dorf Auhausen, an dessen Westrand sich der Fluß hinschlängelt, fast als wollte er sich ein wenig anschmiegen. Aus einem Friedhofsgeviert, das dem Fremden viel zu groß erscheint (wer sich im Niederbayerischen auskennt, denkt ein wenig an Kloster Metten), ragen zwei vierkantige, mit unpassenden Hauben versehene Türme empor, dazwischen eine nahezu festungshafte Westwand, in der das Portal aussieht, als führe es in eine Kasematte. Und doch führt der geduckte Rundbogen in die ehemalige Marienkirche der einst bedeutenden Benediktinerabtei Auhausen.

Das Kloster wurde im frühen 12. Jahrhundert von den Herren von Auhausen gegründet, die sich später von Lobdeburg nannten, nach ihrem neuen Wohnsitz in Thüringen, mit dem sie auch das Interesse an Auhausen verloren hatten. Weil in Auhausen ein Spital bestand, der Adel dort eine würdige Grabstätte fand, und im späten Mittelalter sich die Kirche zu einer Marienwallfahrt entwickelte, ging es der Abtei lange Zeit gut, wenn es auch nicht an Krisen fehlte, die durch Reformen und tüchtige Äbte immer wieder gemeistert wurden. Der letzte Abt war Georg Truchseß von Wetzhausen, aus einem tüchtigen fränkischen Geschlecht stammend. Einer seiner Nachfahren, Christian Truchseß von Wetzhausen, erhob sein Schloß Bettenburg in den Haßbergen am Ende des 18. Jahrhunderts zum Musenhof, an den er Dichter wie Jean Paul oder Friedrich Rückert einlud. Zugleich half er seinen Bauern, indem er in der Gegend den Obstbau als eine weitere Erwerbsquelle förderte. Ausgerechnet einem aus diesem Geschlecht, unserem Abt Georg, spielten 1525 in Auhausen aufständische Bauern übel mit. Vom Hesselberg und aus dem Ries zogen am 6. Mai 8000 Mann vor das Kloster, stürmten und plünderten es und zerstörten einen großen Teil der Kunstschätze in der Kirche. Ihre Wut kann der Besucher noch heute in den „nasenlosen Heiligen" am Chorgestühl erkennen, das sechs Jahre zuvor Meister Melchior Schabert aus Donauwörth so kunstvoll geschnitzt hatte. Abt Georg, der seit seinem Amtsantritt im Jahr 1499 die Klostergebäude fast neu gebaut, die Zahl der Mönche verdoppelt und den größten Teil jener Kunstschätze, derentwegen man heute nach Auhausen kommt, in Auftrag gegeben hatte, stand am Ende vor seinem vernichteten Lebenswerk. Nehmen wir nicht an, daß es ihm eine Genugtuung war, daß die Bauern wenig später bei Ostheim, am Fuß des Hahnenkamms, vom Ansbacher Markgrafen zusammengeschlagen wurden. 1530 wich er der Reformation, seine Klosterkirche wurde eine evangelische Pfarrkirche.

Kloster Auhausen. So sah es Hans Schäuffelin 1513.

In den letzten Jahren wurde viel für die romanische Kirche mit ihrem spätgotischen Chor getan, nachdem Jahrhunderte an ihr gesündigt worden war. Die Heiligen am Chorgestühl haben zwar immer noch keine Nasen, doch das ist als Mahnung gegen blinde Gewalt ganz gut so. Die wertvollsten Stücke, die Abt Georg vor fast 500 Jahren bestellt hatte, können noch immer bewundert werden: das feine Sakramentshäuschen, das der Dürerfreund Loy Hering in Formen der Renaissance noch 1521 geliefert hatte, und der Hochaltar mit den großartigen Bildtafeln des Dürerschülers Hans Schäuffelin, dem Stadtmaler von Nördlingen, der sich auf dem Gemälde der linken Flügelinnenseite im Kreis von Märtyrern selbst dargestellt hat.

Die leise Melancholie, die einem beim Besuch des verlorenen Klosters beschleicht, könnte vielleicht von einer guten Tasse Kaffee gemildert werden. Privilegiert ist, wer dazu von einem Auhausener eingeladen wird. Angeblich holt man im Dorf das Kaffeewasser immer noch aus dem Klosterbrunnen, weil es besonders qualitätsvoll sein soll. Die Stille, die das Dorf besonders an Werktagen in den Armen hält, sollte nicht vergessen lassen, daß es hier mitunter auch stürmisch zuging, und dies nicht nur in Kriegszeiten. Eine größere Menschenansammlung zu Auhausen hat sogar weltgeschichtliche Bedeutung gewonnen. Am 14. Mai 1608 wurde im Konventsaal des aufgehobenen Klosters die „Union" gegründet, nicht die „Christlich-Soziale", sondern die „Protestantische". Nachdem der bayerische Herzog und spätere Kurfürst Maximilian I. 1607 die gegen die Reichsstadt Donauwörth verhängte Reichsexekution durchgeführt hatte (weil die Protestanten von Donauwörth gegen katholische Prozessionen waren) und die Forderung der protestantischen Fürsten nach einer neuen Auslegung des „Augsburger Religionsfriedens" abgelehnt wurde, verließen diese Fürsten 1608 den Reichstag zu Regensburg und gründeten bald darauf in Auhausen das Bündnis, hinter dem auch fremde Mächte, darunter Frankreich, England, Schweden und die Niederlande standen. Die Antwort der katholischen Fürsten unter Führung des bayerischen Maximilian war der Zusammenschluß zur „Liga" am 10. Juli 1609 in München. Die Parteien waren festgelegt, jetzt mußten nur noch am 23. Mai 1618 in Prag einige Leute aus einem Fenster des Hradschin geworfen werden und das große Trauerspiel des Dreißigjährigen Krieges konnte beginnen. Man sieht, Auhausen ist ein recht bedeutender Ort. Übrigens, haben Sie bei der Ankunft das gelbe Ortschild genau gelesen? Da steht: „Auhausen, Landkreis Donau-Ried". Also sind wir mit der lieben Wörnitz nun von Franken nach Schwaben gekommen, könnten gleich einen Antrittsbesuch bei der wichtigsten Familie im Ries machen, bei den Oettingen. In Hirschbrunn, Gemeinde Auhausen, steht eines ihrer Jagdschlößchen, doch werden wir im Ries auf bedeutendere Bauwerke der Oettingen-Oettingen, Oettingen-Wallerstein, Oettingen-Spielberg und Oettingen-Baldern stoßen.

Handbehauenes Chorgestühl in der Dorfkirche Ruffenhofen

GROSSE SCHÜSSEL IN SCHWABEN: DAS RIES

Wie irdische und außerirdische Naturkräfte den Kessel des Rieses geschaffen haben, ist uns ja schon auf den ersten Seiten dieses Buches bekanntgeworden. Nun wollen wir uns umschauen, wie sich die Menschen im Ries, in der „Großen Schüssel in Schwaben", in den letzten paar tausend Jahren allmählich eingerichtet haben. Wie wollen wir die Route unserer Riesfahrt anlegen? Da das Ries kreisrund ist, sollten wir vielleicht auch einen Kreis schlagen. Halbwegs tun wir es auch, doch werden wir zuerst unserer bisherigen Führerin und Begleiterin, der Wörnitz, die Treue bis zu ihrem Ende halten und also ihrem Lauf durch das östliche Ries bis zur schönen Stadt Donauwörth folgen, wo sie sich in die Arme der großen Schwester Donau wirft.

Oettingen, Residenzstädtchen mit „simultaner Straße"

Der grüne Bogen des Oettinger Forstes zieht sich als nördlicher Rand des Rieses von Fremdingen über Hochaltingen, Belzheim und Ehingen bis zum Städtchen Oettingen hinüber, das sich in die „Nordostkurve" des Rieses hineinkuschelt. Die Wörnitz zeigt sich hier schon mit „erweiterter Taille" als reife Flußdame, wirkt auf den, der aus der Wemdinger Richtung in Oettingen einfährt, wie ein Weiher, zumal die „reife Flußdame" hier auch besonders behäbig ist. Von Nordosten her reicht ein Ausläufer des Hahnenkamms bis kurz vor die Stadttore, trägt auf geologisch interessantem Boden den Nachbarort Hainsfarth. Hier, wie auch im nahen Steinhart und einigen anderen Orten im Ries, gibt es Zeugnisse für einstige jüdische Gemeinden, deren Tüchtigkeit in Handel und Gewerbe den Grafen und späteren Fürsten des Hauses Oettingen willkommene Einnahmequellen verschafften. Besonders eindrucksvoll ist der jüdische Friedhofshain auf einer Anhöhe über dem Dorf Steinhart. Noch 1864 gab es in Hainsfarth 562 Einwohner jüdischen Glaubens, 1930 waren es nur noch an die 40. Viele hatten sich in größeren Orten neue Existenzen verschafft, so auch die Familie des Münchner Textilkaufmanns Gift, aus der die berühmte Schauspielerin Therese Giehse (1898-1975) stammte.

An einem heißen Sommertag mag manchem Besucher von Oettingen vor allem die idyllische Freibadeanlage auf der schattigen Wörnitzinsel verlockend erscheinen. Abgekühlt kann er sich aber hernach um so mehr für die Schönheit des Stadtkerns erwärmen. Man wünscht sich freilich den Autoverkehr weg, um die Romantik der Schloßstraße zwischen dem Königstor und der Neuen Residenz so richtig genießen zu können. Da hat sich ein Stück Biedermeier erhalten und der Maler dieser Epoche, Carl Spitzweg, könnte jederzeit aus einer der schmalen Seitengassen herauskommen. Dem aufmerksamen Passanten wird die Unterschiedlichkeit der beiden Straßenfronten nicht entgehen: an der Westseite Häuser mit steilen Giebeln, vor allem das prächtige Fachwerk-Rathaus des 15. Jahrhunderts, auf der Ostseite die Verspieltheit von Wellen- und Volutengiebeln. Nun, die Schloßstraße war eben lange Zeit „simultan", weil das Haus Oettingen eine katholische Linie „Alt-Wallerstein" (später „Spielberg") und eine protestantische Linie „Oettingen-Oettingen" hatte. Die beiden Familien teilten sich die Stadt buchstäblich nach Gassen und so war die ernste Fachwerkseite protestantisch, die heitere Schweifgiebelseite katholisch. Damit aber nicht genug: auch die Juden teilte man sich! Und so gab es bei den Oettingen „katholische" und „evangelische Juden". Kaum zu glauben, aber wahr.

Evangelische Pfarrkirche

In Rieser Tracht

Wer die Schloßstraße vom Königstor her betritt, hält sie für eine Sackgasse: eine wuchtige Wand mit Fenstern steht ganz dort vorne quer, die Neue Residenz. Die Bauzeit von 1679 bis 1687 weist auf den Hochbarock hin, doch spürt man viel eher Geist und Form der späten Renaissance, als sollte in diesem stillen Winkel Europas die Welt- und Stiluhr einfach ein wenig nachgehen dürfen. Matthias Schmuzer aus Wessobrunn hat die meisten der Repräsentationsräume, auch den prächtigen Festsaal, stuckiert, fand zugleich Arbeit in der benachbarten evangelischen Pfarrkirche St. Jakob, einem Bau der Frühgotik, der damals gerade barockisiert wurde. Der fürstliche Glanz des „barocken Renaissanceschlosses" steht heute kulturellen Veranstaltungen offen, kann auch bei Führungen besichtigt werden. Seit 1988 gibt es im Schloß auch ein Museum: das Staatliche Museum für Völkerkunde in München hat hier eine Zweigstelle eingerichtet, die jährlich wechselnde Ausstellungen aus dem reichen Bestand des Münchner Stammhauses bietet.

Wer das Heimatmuseum mit seiner umfangreichen Sammlung zur Stadt- und vor allem Handwerksgeschichte sucht, findet es nicht mehr im schönen Rathaus, sondern in der Hofgasse, also nicht weit davon. Mancher mag sich wundern, daß diese Hofgasse gar nicht zur Residenz, sondern zur katholischen Pfarrkirche St. Sebastian führt. Südlich dieses Gotteshauses stand eben die Stammburg der Oettinger, später die Hofhaltung der katholischen Linie. Daran erinnert heute noch die Gruftkapelle der Oettingen-Spielberg, so daß die Hofgasse im Grunde doch zu den „Herrschaften" führt, wenn auch zu denen, die das Zeitliche längst gesegnet haben.

In Oettingen gibt es einen Archäologischen Lehrpfad der besonderen Art. Vor allem für Radwanderer ist er geeignet, da er nicht als übliche Rundtour, sondern sternförmig angelegt ist. Er führt zu vor- und frühgeschichtlichen Grabhügelfeldern, Resten einer Römerstraße, zur Burgruine von Steinhart und dem unmittelbar daneben liegenden, bereits erwähnten Judenfriedhof von Steinhart, vor allem aber zum Platz, an dem sich einst das römische Kohortenkastell „Losodica" befand, gleich beim nördlichen Ortseingang von Munningen. Wer durch Munningen kommt, dem fällt allerdings viel eher der „Schiefe Peter" auf, der schiefe, im Unterteil noch romanische Turm der Pfarrkirche St. Peter und Paul.

45

Von einem „Meerfräulein" und einem verschwundenen Schloß

Dem Riesrand entlang geht die Reise vom Residenzstädtchen Oettingen zum Wallfahrtsstädtchen Wemding, das weitab der Wörnitz liegt. Östlich von Wemding verliert man sich im grünen Dunkel eines großen Waldes, im Westen breitet sich das von Äckern umgebene „Wemdinger Ried" aus. Als noch wenige von Ökologie oder Biotop redeten, handelten hier schon am Ende der sechziger Jahre die Idealisten einer Schutzgemeinschaft, erwarben und regenerierten Lebensraum für Brutvögel und seltene Pflanzen, schufen keine Touristen-Attraktion, sondern eine kleine grüne Welt, in der für Menschen Stille und Unaufdringlichkeit Erstes Gebot ist. Nicht weit weg liegt das „Wildbad", ein Wemdinger Ortsteil, der noch einstige Bade-Idylle vermitteln kann. Wundert es, daß in diesem uralten „Bädlein" 1866 auch der damals 62 Jahre alte Romantiker Eduard Mörike Erholung und Heilung suchte? Vom „Wildbad" aus sollte man auch ins grüne Tal des Flüßchens Schwalb hineinwandern, wo Mühle auf Mühle folgt. Das Wässerchen, das der Wörnitz zueilt, soll vor tausend Jahren dem alemannisch-fränkischen Gau des „Sualafeldes" Namenspatron gewesen sein.

Nun aber hinein ins liebe Städtchen Wemding, das schon von seinem fast kreisrunden Grundriß her so gut in den Rieskessel paßt. Das erste Kapitel der Ortsgeschichte kann die mächtige Pfarrkirche St. Emmeram erzählen, deren zwei ungleiche Türme hoch in den Himmel ragen. Kaiser Karl der Große schenkte 798 einen hiesigen Meierhof dem Regensburger Abtbischof des dortigen Klosters St. Emmeram, die Edlen von Werd (dem heutigen Donauwörth) nahmen es als Lehen und stifteten eine erste Kirche. Im Jahr 1306 kam Wemding an die Oettinger Grafen, die den Ort in wenigen Jahren zur Stadt ausbauten, die sie 1467 aus Geldnot an den Wittelsbacher Herzog Ludwig den Reichen von Bayern-Landshut verkauften. So wurde Wemding mit den Nachbarorten Amerbach und Laub eine bayerische Enklave im schwäbischen Ries, läßt im Kranz seiner Mauern und Tore noch heute spüren, daß hier alles ein wenig anders ist, einen Hauch bayerischer. Höchst gemütlich ist der Marktplatz mit dem Treppengiebel des Rathauses, einem Marienbrunnen in der Mitte und einem auffallend schmalen Haus in der Südostecke. Hier wurde 1501 der „Vater der deutschen Botanik" geboren, der Arzt Leonhard Fuchs, Verfasser berühmter Kräuterbücher. Nach ihm hat man später die Fuchsie benannt. Weit versteckter liegt das Haus, in dem 1426 Johannes von Roth geboren wurde, der später Bischof von Breslau wurde, sich vorher aber als starker Kanzler des schwachen Kaisers Friedrich III. um den Zusammenhalt im Reich bemühte.

Im malerischen Gassengewirr von Wemding trifft man auf ein höchst merkwürdiges Straßenschild: „Bettelmanns Umkehr". Ob da einst so arme Leute wohnten, daß die Bettler hier keine Hoffnung sahen? Der Name dieses Winkels ist übrigens nicht einmalig. Früher gab es auch im fränkischen Hopfenstädtchen Spalt (das übrigens auch der Regensburger Abtei St. Emmeram gehörte) eine „Bettelmanns Umkehr". Dort aber hat man sich offenbar des Namens geschämt und die Gasse umgetauft. Eigentlich schade. Ungewöhnlich erscheint in Wemding auch das schöne Gasthofschild „Zum Meerfräulein". Zugegeben, auch hier breitete sich einst das blaue Jurameer aus, doch damit hat die nackte Fischjungfer nichts zu tun. Franzosen lagen einstmals im Städtchen im Quartier. Die Wirte ärgerten sich, weil die Soldaten zum Zechen immer nur ein Wirtshaus aufsuchten, das von zwei ledigen Schwestern geführt wurde. Auf die Frage, warum sie denn nicht auch bei den anderen Wirten einkehren wollten, sollen die Soldaten gesagt haben: „Dort mehr Fräulein!"

Eine schöne Geschichte, die uns allerdings nicht abhalten sollte, endlich die beiden Wemdinger Hauptkirchen zu besuchen. Zuerst einmal die Pfarrkirche, die auf eine romanische, 1060 geweihte Basilika zurückgeht. Heute ist der Innenraum vom Barock geprägt, wobei die beiden Seitenaltäre dem besonderen Augenmerk empfohlen sein sollen, 1713 als Frühwerke Dominikus Zimmermanns entstanden, des Baumeisters der weltberühmten Wieskirche. Sein Bruder Johann Baptist war in seinen alten Tagen, fast vierzig Jahre später, der Meister der Fresken in der prachtvollen Wemdinger Wallfahrtskirche Maria Brünnlein, zu der bis auf den heutigen Tag viele Wallfahrer und noch mehr Kunstbegeisterte kommen. Außerhalb des Städtchens schaut sie von einem Wiesenhügel ins Ries hinaus. Das Gnadenbild, eine Muttergottes, die 1684 vom Wemdinger Schuster Franz Forell von einer Romfahrt mitgebracht wurde, leuchtet golden aus der Mitte des Raumes, wo der Gnadenaltar über einem Brünnlein aufragt. Als ich neulich wieder einmal in Maria Brünnlein war, habe ich eine Votivtafel nicht mehr gefunden, die mich Jahre vorher zunächst lächeln, dann aber nachdenklich werden ließ: „Maria sei Dank, daß sie nicht geholfen hat", war darauf zu lesen. Zu welchem Wunsch hat sie wohl die Hilfe verweigert? Merkwürdig ist, daß die Wemdinger alle 20 Jahre in einer großen Prozession eine riesige, zentnerschwere Kerze nicht ins nahe Maria Brünnlein tragen, sondern nach Oettingen hinüber, zur Kirche des Pestpatrons Sankt Sebastian. Aber das ist eben ein uraltes Gelübde aus den Zeiten, in denen die Pest noch nicht „Krebs" oder „Aids" hieß.

Pestwallfahrt mit Votivkerze

Gosheim, an der Straße von Wemding nach Harburg gelegen, teilt das Schicksal all derer, denen man ihre wahre Bedeutung nicht ansieht. Der Ort hat zwar ein einfaches Schloß, das heute Pfarrhaus ist, doch daß dieses Gosheim einst ein karolingisches Königsgut und dann Mittelpunkt des alemannisch-fränkischen „Sualafelds", also einem der deutschen Gaue, gewesen ist, muß man erst lesen, ehe man es glaubt. Noch verblüffender ist die Geschichte von einem Stück Ackerlandes zwischen Schrattenhofen und Lierheim. Ein Stein erinnert heute daran, daß dort im 18. Jahrhundert ein stattliches Lustschloß der Oettingen-Oettingen stand, das ab 1736 in eine Fayence-Manufaktur umgewandelt, jedoch ab 1757 auf Abbruch verkauft wurde. Bis in unser Jahrhundert herein wurde das Keramikhandwerk noch von Leuten in Schrattenhofen weiterbetrieben, vom weitläufigen Schloß im „Tiergarten" aber wird schon 1773 vermeldet, daß „an denen Ruderis (= Ruinen, Anm. d. Verf.) des gewesten prächtigen Schloses im Thiergarten nicht die geringste Erkäntlichkeit mehr zu sehen, indeme saselbst theils Steinbrüche angelegt, theils aber verschiedene Plätze zu Äckern aptiert worden sind." Und die Benediktiner vom nahen Mönchsdeggingen aber meldeten schon 1761 in ihrer Chronik, daß „die sinkenden und eingefallenen Gebäu eingeworfen, die Stein anderstwohin verbracht, der angenehme Wald ausgerottet, der öde Platz in Äcker verändert, in Besthandt (= an den Meistbietenden, Anm. d.Verf.) hingeben und verliehen worden. Ein solches End hat dieses irdische Paradeis genohmen, von dem zu ewigen Gedächtnis mag geschrieben werden: Sic transit gloria mundi!"

Letzte Wörnitz-Windungen zwischen Harburg und Donauwörth

Mit dem „verwunschenen Schloß" von Schrattenhofen sind wir schon auf dem Gebiet des Städtchens Harburg gelandet, dem „Maleridyll an der Wörnitz", wie die Harburger ihren schönen Ort anbieten. Wer den rechten Standpunkt am Flußufer findet und dann über die alte Steinbrücke zum hoch über der Stadt aufragenden Schloß schaut, wird die Harburger keine Lügner nennen. Ein wahrhaft malerischer Anblick! Berühmt sind die Sammlungen der Fürsten Oettingen-Wallerstein, die auf der schon 1150 nachweisbaren Burg gezeigt werden. Neben Kuriosem, das die Fürsten der Renaissance gern in ihren Raritätenkabinetten aufstellten, findet sich viel große Kunst, darunter auch gotische Bildteppiche, Elfenbeinschnitzereien des Mittelalters und einige Werke des berühmten fränkischen Bildhauers Tilman Riemenschneider. Nahe der Burg verhilft der „Bock" zu einer weiten Sicht über das Ries, das wir nun mit der Wörnitz nach Süden verlassen, um mit ihren letzten Windungen Donauwörth zu erreichen. Der rückschauende Abschiedsblick bietet Kontrast: überragt von der dunklen Silhouette der Burg steht hell und weiß das moderne Zementwerk Märker wie eine Stadt aus einem Science-Fiction-Film am Rand des wiesengrünen Tales.

Ob Donauwörth, das einst „Schwäbischwerd" genannt wurde, mehr an der Donau als an der Wörnitz liegt, darüber ließe sich streiten. Der Stadtkern jedenfalls wird von der Wörnitz an zwei Seiten liebevoll in den Arm genommen und der Fluß schenkt dem Ort auch noch zum Abschied eine Insel, die ganz gewiß mit den Siedlungsanfängen von Donauwörth viel zu tun hat, bot sie doch Sicherheit und leichteren Übergang zugleich. 1030 wird „Uueride" erstmals genannt, also „Werd" oder „Wöhrd", und das bedeutet „Insel". Die Urkunde stellte Kaiser Konrad II. aus, der darin seinem Lehensmann Mangold, der auf dem nahen Mangoldstein saß, ein schon bestehendes Regal mit Markt-, Münz- und Zollrechten bestätigte. Damit begann der Aufschwung des Ortes von der Fischerinsel zur Reichsstadt.

Harburg mit alter Wörnitzbrücke

Ein Theil der Chur. Pfalz Bayrischen Stadt Donauwerth an der Wernitz Seite gelegen, nebst dem Kloster zum Heil. Kreutz. 1te Ansicht. — Joh. Müller pinx. u. gef.

Donauwörths Geschichte muß man nicht in Büchern nachlesen, wenn man im Juli an einem der beiden Haupttage des „Schwäbischwerder Kindertags" in die Stadt kommt. Da wird einem alles was wichtig war von den kostümierten Kindern vorgespielt. Von der großen Vergangenheit erzählen das ganze Jahr über auch die Sehenswürdigkeiten, vor allem – trotz aller Zerstörungen im Jahr 1945 – das wunderbare Ensemble der Reichsstraße, der großen Achse der Altstadt. In ihr erweiterte sich die spätmittelalterliche Handelsstraße von Augsburg nach Nürnberg zum belebten Marktplatz. Eine großartige städtebauliche Leistung!

Nicht nur Kaufleute machten in Donauwörth Station, sondern auch die Pilger, die vom Norden auf dem Weg nach Rom hier durchzogen. Sie beteten in der Klosterkirche von Heiligkreuz, im Westen der Altstadt. Dieses ehemalige Benediktinerkloster, das noch heute die Stadtsilhouette mitbestimmt, wurde zu Ehren einer Kreuzreliquie gestiftet, die Mangold I. von einer – erfolglosen – Brautwerbung im Auftrag des Kaisers für dessen Sohn aus Byzanz mitgebracht hatte. Der Wessobrunner Josef Schmuzer baute die barocke Klosterkirche nach den Plänen des großen Vorarlberger Meisters Franz Beer. In all der glänzenden Pracht sollten wir ein Kunstdenkmal in der Klosterkirche nicht übersehen, das an die Opfer eines „bayerischen Othello" erinnert: die Grabplatte der Maria von Brabant und ihrer Hofdamen. Der „Othello", Bayerns vierter Herzog aus dem Haus Wittelsbach, ging als „Ludwig der Strenge" in die Geschichte ein. Im Januar 1256 glaubte der Herzog, weil Briefe verwechselt worden waren, den Beweis für die Untreue seiner jungen Gemahlin zu haben, die auf Burg Mangoldstein sehnlich seine Rückkunft erwartete. Im Jähzorn ließ er sie und ihre Hofdamen enthaupten. Rasch, doch zu spät für die nächtens ermordeten Frauen, klärte sich die Unschuld auf. Der Papst entsühnte den jähzornigen Gattenmörder, als dieser das Kloster Fürstenfeld beim heutigen Fürstenfeldbruck stiftete. Nach solchem Bericht tut vielleicht ein Besuch in der ernsteren Stadtpfarrkirche Mariä Himmelfahrt gut, einem gotischen Backsteinbau mit einem großartigen Sakramentshaus.

Wer noch mehr über Donauwörths Geschichte wissen will, den klären das „Haus der Stadtgeschichte" im Rieder Tor, das Vor- und Frühgeschichtliche Museum im Tanzhaus an der Reichsstraße und das Heimatmuseum im Inselstadtteil Ried auf. Zwei Sammlungen sind von besonderer Art. Im ehemaligen Deutschordenshaus ist eine Begegnungsstätte für den bedeutenden Komponisten Werner Egk (1901-1983) eingerichtet, der im heutigen Stadtteil Auchsesheim als Werner Joseph Mayer zur Welt kam. Den Künstlernamen Egk legte er sich schon in jungen Jahren zu, hatte damals offenbar seine ungewöhnliche Begabung erkannt. „Egk" ist nämlich die Abkürzung für „ein großer Künstler". Aber vielleicht war es zunächst mehr Selbstironie. Der Besucher von Donauwörth mag auch vom Vorhandensein eines „Käthe-Kruse-Puppenmuseums" überrascht sein. Die bekannte Puppenmacherin wohnte aber von 1949 bis 1956 in Donauwörth und richtete hier auch eine Produktionsstätte ein. Man sieht: Donauwörth ist für manche Überraschung gut. Bleibt noch ein Tip für einen lohnenden Ausflug, ehe wir wieder ins Ries zurückkehren: nach Kaisheim, wo das ehemalige Zisterzienserkloster zwar heute Justizvollzugsanstalt ist, die eindrucksvolle gotische Kirche aber durchaus einen Besuch wert ist, ebenso der nahegelegene barocke Sommersitz der Äbte in Leitheim, das bei Musikfreunden durch seine Konzerte bekannt ist.

Wörnitzpartie bei Donauwörth

Das Ries hat romantische Hintertürchen

Von Donauwörth ins Ries zurück, da wäre der schnellste und kürzeste Weg freilich wieder die Bundesstraße 25. Das Tunnel unter der mächtigen Harburg ist ja gewiß ein eindrucksvolles, wenn auch künstliches Tor zum Meteorkrater des Rieses. Da gibt es aber von Süden auch höchst romantische Hintertürchen. Eines davon ist das herrliche Wiesental, der Kessel eines schmalen Flüßchens, das der Wörnitz, was das Schlängeln betrifft, harte Konkurrenz macht. Von Donauwörth fährt man auf der Bundesstraße 16 ein paar Kilometer nach Westen, biegt bei Erlingshofen nach Norden ab und folgt den Mäandern der Kessel. Der Markt Bissingen, Hauptort im Tal, hat mit der prachtvollen Barockwallfahrt von Buggenhofen eine höchst beachtliche Sehenswürdigkeit und ist Ausgangspunkt für paradiesische Wanderungen und Radtouren in einer wunderbar stillen Welt. Die Ziele haben zum Teil recht lustige Namen, etwa die drei Orte Burg-, Ober- und Untermagerbein (wobei es im Ries auch an einem Dorf namens Speckbrodi nicht fehlt). Man ist hier vorwiegend evangelisch, doch in der Pfarrkirche von Untermagerbein, ehemals dem heiligen Nikolaus geweiht, wird eine Madonna aus dem 15. Jahrhundert von den Katholiken als „Maria der Verlassenheit" verehrt, ein Name, der vom gläubigen Volk so gut für das einsame Tal gefunden wurde.

Durch das Lachholz könnte man von Untermagerbein nach Mönchsdeggingen wandern, doch führt natürlich auch die Straße hin. Nun schauen wir wieder weit ins Ries hinaus, diesmal die Sonne im Rücken. Die Marianhiller Kongregation ist heute Hausherr in der ehemaligen Benediktinerabtei Mönchsdeggingen, dem ältesten Kloster im Ries. Daß heute zu den Sehenswürdigkeiten des Ortes nicht nur die herrliche Klosterkirche St. Martin, sondern auch die evangelische Pfarrkirche St. Georg und ein „Judenbad" von 1841 gehören, läßt verzwickte Ortsgeschichte ahnen. Das im 10. Jahrhundert gegründete Kloster und der Ort kamen unter die Vogtei der Grafen Oettingen, die sich – wir haben es beim Besuch im Städtchen Oettingen schon erfahren – später im Glauben spalteten. So konnte die Abtei unter der katholischen Linie Oettingen-Wallerstein fortbestehen, das Dorf aber wechselte unter den Oettingen-Oettingen zum Protestantismus. Dazu kam ab der Mitte des 17. Jahrhunderts eine jüdische Gemeinde, die bis 1879 bestand. Wer heute nach Mönchsdeggingen kommt, bewundert vor allem die spätbarocke Ausstattung (1751/52) der Klosterkirche, die unter der Leitung des Dillinger Bildhauers Johann Michael Fischer entstand. Sportlichere Besucher treibt es eher in das großzügige Freizeitzentrum „Almarin 2000" und an den Pfingsttagen jeden Jahres wird es im Ort sogar international bei Tagen der deutsch-französischen Begegnung.

Von Mönchsdeggingen nach Balgheim sind es nur ein paar Kilometer. Keine prunkvolle Klosterkirche, kein Schloß, nein, das Pfarrhaus ist unser Ziel. Dort lesen wir eine Gedenktafel für den am 7. Juli 1764 geborenen Karl Heinrich Lang, der vom Sekretär des Fürsten Craft Ernst von Oettingen-Wallerstein bis zum geadelten Direktor des Reichsarchivs, zum Chef des Reichsheroldenamtes (unter „Reich" ist dabei das Königreich Bayern zu verstehen) und zum Regierungsdirektor des Rezatkreises (des späteren Bezirks Mittelfranken) aufstieg. Der „Ritter von Lang", wie man ihn nannte, steht in den Nachschlagewerken meist als Historiker, der er aber eigentlich nicht gewesen ist. Und doch sind seine Bücher, besonders die Memoiren und die „Reise nach Hammelburg", wertvolle Zeugnisse für die Politik und die Intrigen in den ersten Jahrzehnten des bayerischen Königreiches. Vieles in seinen Schriften ist Wahrheit, manches nicht, alles aber ist eingepackt in Ironie und Satire, die mitunter in Gift und Galle schier ersäuft. Besonders schlecht meinte Ritter von Lang es mit dem Grafen Carl Joseph von Drechsel aus Deuffenstetten, der im jungen Königreich Bayern ein eigenes, von den Thurn und Taxis abgelöstes Postwesen aufbaute, 1817 Generalkommissar des Rezatkreises und 1828 wegen seiner liberalen Haltung von König Ludwig I. in den Ruhestand versetzt wurde. Hingewiesen sei auch, daß ein Nachfahre dieses Mannes als Offizier und Widerstandskämpfer einer der Opfer des mißglückten Attentats auf Hitler am 20. Juli 1944 wurde. So mag man zwischen Schmunzeln und (teilweise berechtigtem) Unglauben lesen, was der fränkisch-schwäbische Ritter von Lang über den oberpfälzischen Grafen Drechsel aus den Tagen der Säkularisation des Jahres 1803 berichtet:

„Der gewesene Generalpostdirektor und nunmehrige General-Commissär von Drechsel gewann bei der Aufhebung der Klöster die Gebäude und nächsten Umgebungen der Abtei Tegernsee für 25 000 Gulden, die er in wenigen Monaten durch die hinweggenommenen Glocken, das abgedeckte Kupferdach, die bleiernen Kanäle, die ausgerissenen Öfen, Herde und Schlösser doppelt wieder erhielt. Als sich in der Königin der Wunsch regte, dieses Kloster wegen seiner wahrhaft reizenden Lage für sich zu erwerben, bestand Drechsel aber auf dem ungeheuren Preis von 90 000 Gulden. Der König, in Unmut über diese Forderung, sprach gleichwohl: „In Gottes Namen, der Scheißkerl soll sie haben!" Nun wurde zwar das Geld mit hastiger Freude in Empfang genommen, aber über das schmückende Beiwort schien man zerknirscht zu sein. Als nun ein Unterhändler dem König demütigst vorstellte, daß sich Herr von Drechsel hinlänglich getröstet fände, wenn ein gnädiges, zweites Wort jenes erste anrüchige aufhöbe, so meinte der König: „Wenn es weiter nichts ist – dann machen wir halt aus dem Scheißkerl einen Grafen!" So wurde der Herr von Drechsel Graf."

Den ersten Blick in die feudale Welt hatte der spätere Ritter von Lang im nahen Barockschlößchen Hohenaltheim getan. Er selbst berichtet aus seiner Kindheit, wie er durch das Parkgitter den Oettingen-Wallersteinischen Fürsten dort aus der Karosse steigen sah, umgeben von eilenden Dienern und sich verbeugenden Gästen. „Nichts, was ich seitdem in der Welt gesehen, hat einen solchen Eindruck auf mich gemacht", schreibt er. Und auch uns kann dieses reizende Hohenaltheim ein wenig behilflich sein, die Welt jener Serenissimi von damals zu erahnen. Es wundert uns auch nicht, daß man diese Kulisse beim Verfilmen von Horst Wolfram Geißlers Roman „Der liebe Augustin" benützt hat. Einen Nachkommen der einstigen Fürstenherrlichkeit lesen wir dann auf einem schlichten Grab im nahen Christgarten. Hier, im stillen Kartäusertal, wo 1383 Oettinger Grafen und Nördlinger Bürger den „hortus Christi", eben das Kartäuserkloster Christgarten stifteten, wurde 1991 Carl Friedrich Fürst zu Oettingen-Wallerstein beigesetzt. Den Eingang zum herrlichen Wandertal bewachen die Ruinen der Burgen Nieder- und Hochhaus und auch Christgarten hat längst einen Großteil seiner Mauern verloren.

Bei Bopfingen wird das Fahrrad zur „Zeitmaschine"

Dem Rand des Rieses nach Westen folgend, kommen wir aus dem Bayerischen ins Württembergische, in die ehemalige Freie Reichsstadt Bopfingen, den Hauptort im westlichen Ries. Das Römerkastell Opie im Stadtteil Oberdorf und eine alemannische Siedlung des 5. Jahrhunderts waren die historischen Anfänge des Ortes. Wer auf den markanten Kegel des Bopfinger Hausberges Ipf (668 m) steigt, betritt – wie auch an vielen anderen Stellen in den Gemeinden Bopfingen und Riesbürg – vorgeschichtlichen Boden. Der Ipf war von der Steinzeit bis zum Ende der Keltenzeit besiedelt und befestigt. Ein Radwanderweg („Ipfweg" und „Goldbergweg") führt auf 45 Kilometer Länge zu zahlreichen Zeugnissen der Vor- und Frühgeschichte. Da wird das Fahrrad zur „Zeitmaschine". Wer aber lange Wege scheut, kann sich auch bestens im Bopfinger „Museum im Seelhaus" informieren. Freilich darf man vor lauter Vorgeschichte auch die Schönheiten nicht übersehen, die aus der Reichsstadtzeit Bopfingens auf uns gekommen sind, vor allem den Marktplatz mit Fachwerk-Rathaus, Amtshaus und Marktbrunnen. In der evangelischen Pfarrkirche, einst dem heiligen Blasius geweiht, steht ein kostbarer spätgotischer Flügelaltar aus der Werkstatt des Nördlinger Meisters Friedrich Herlin. Und hinter dem Ipf wartet, als westlicher Vorposten im Ries, das Schloß Hohenbaldern, hoch über dem Ort Baldern aufragend. Im 18. Jahrhundert ließ Craft Anton Graf zu Oettingen-Baldern das Schloß vom Graubündner Baumeister Franz de Gabrieli und von dessen berühmtem Bruder Gabriel, dem Hofbaumeister der Eichstätter Fürstbischöfe aufrichten. Das sakrale Gegenstück zur weltlichen Barockpracht von Baldern ist die ehemalige Klosterkirche der Zisterzienserinnen im benachbarten Kirchheim, wo die äußere Hülle freilich aus der Zeit der Gotik stammt. Fast eine kleine, inzwischen freilich längst verweltlichte Klosterstadt ist das Areal der Abtei, die 1267 mit einer Stiftung des Oettinger Grafen Ludwig III. ihren Anfang nahm. Er und seine Gemahlin Adelheid sind auf zwei Grabplatten aus dem Jahr 1358 in der Kirche dargestellt.

Kirchheim hat im Foyer des Schulhauses ein interessantes „Alemannenmuseum", das zahlreiche Funde aus einem hier freigelegten Reihengräberfeld und einem Adelsbegräbnis des 6. bis 8. Jahrhunderts zeigt. Noch weiter zurück wird man bei einem Spaziergang im Dreieck zwischen Utzmemmingen, Holheim und Ederheim geführt. Hier schauen die berühmten Ofnethöhlen, die „Große" und „Kleine Ofnet" auf das Maienbachtal herunter. In den Höhlen wurden steinzeitliche „Schädelnester" (heute im Nördlinger Stadtmuseum) entdeckt, die offenbar auf rituelle Bestattungen vor 13 000 Jahren zurückgehen. Im Maienbachtal sind die Fundamente eines römischen Gutshofes freigelegt und auf der nahen Altenbürg, einem beliebten Ausflugsziel der Nördlinger, steht die frühgotische Waldkapelle Sankt Hippolyt auf dem Platz einer fast verfallenen Burg. Ziemlich schauerlich aber kann es einem in der tiefen Höhle des Hohlensteins bei Ederheim zumute werden, wo man starke Beweise für steinzeitlichen Kannibalismus, jedoch aber auch frühe Kunst in Form von Ritzzeichnungen in einer Kalksteinplatte gefunden hat.

In weitem Bogen um Nördlingen herum

Der „Daniel", Nördlingens markanter Kirchturm, grüßt uns ja schon lange Zeit auf unserer Fahrt durch das Ries. Ihn und die prachtvolle Reichsstadt an der Romantischen Straße, aus der er sich so hoch über die Dächer erhebt, wollen wir aber für den krönenden Abschluß aufheben. Also halten wir weiterhin Respektabstand und machen von Ederheim einen weiten Bogen durch das fruchtbare Bauernland, dessen Gänse einstmals so berühmt wie die aus Polen gewesen sind. Da ist Reimlingen mit einem Schloß des Deutschherrenordens und einer barocken Pfarrkirche Sankt Georg, dann Deiningen, das sich als ältestes Dorf im Ries bezeichnen kann, da es als „uilla tininga" schon 760 in einer fränkischen Königsurkunde erscheint. Wichtig war hier der Übergang über den Fluß Eger, der das Ries von Bopfingen her über Nördlingen durchzieht und erst bei Harburg in die Wörnitz mündet. Noch heute schwingt sich zu Deiningen eine steinerne Brücke in sieben Bögen über die Eger. Nördlich des Dorfes liegt der Weiler Klosterzimmern, heute ein fürstliches Gut, einst aber ein blühendes, 1252 von Rudolf von Hürnheim gestiftetes Kloster der Zisterzienserinnen, dessen Vogtei um 1400 in die Hände der Oettinger Grafen kam. In der Kirche findet man neben den Epitaphien der Stifter auch den Grabstein der letzten, 1757 gestorbenen Äbtissin Apollonia Kraft, nach deren Tod das Kloster endgültig geschlossen wurde. Schon vorher hatten die Nonnen einen evangelischen Prediger berufen und die Beziehungen zum Kloster Kaisheim, dem sie unterstellt waren, abgebrochen.

Von Deiningen gelangt man über Pfäfflingen und Dürrenzimmern durch das Tal der Mauch nach Maihingen, das heute mit seinem Bauernmuseum viel Zulauf hat. Früher kamen viele Wallfahrer in den Ort, an dem sich ein Kloster der Birgittinen befand, das ab 1607 von Minoritenbrüdern weitergeführt wurde. Sie bauten im 18. Jahrhundert die Klosterkirche Maria Immaculata, die 1752 der Regensburger Martin Speer mit prachtvollen Fresken ausmalte, welche der wertvollen Ausstattung die Krone aufsetzten. In der ebenfalls barocken Pfarrkirche Mariae Himmelfahrt haben sich gute spätgotische Plastiken, vor allem – im Chor – eine Muttergottes im Strahlenkranz aus einer Ulmer Werkstatt, erhalten. Im einstigen Bräuhaus ist das Bauernmuseum untergebracht, das die ländliche Wohn- und Arbeitswelt dokumentiert.

Noch immer lassen wir die nach Wallerstein weisenden Schilder unbeachtet und wenden uns nach Norden. So können wir in der Pfarrkirche von Hochaltingen den Rosenkranzaltar bewundern, einen Flügelaltar, mit dem 1565, in der Zeit der Renaissance, die späteste Gotik noch einmal auflebt. Die Gruftkapelle, ältester Teil der sonst barocken Kirche, ist allein schon durch den ungewöhnlich schönen Rotmarmorgrabstein des Eberhard von Hürnheim und seiner Gemahlin Anna von Rechberg von großer Bedeutung. Der Augsburger Meister Hans Daucher

Klosterkirche in Maihingen

dem von ihnen gesammelten Kräutertee versorgen, um uns dann endlich auf den Weg nach Wallerstein zu machen. Der führt uns auf der Route der „Romantischen Straße" erst durch Minderoffingen und dann durch Marktoffingen. Nicht nur, daß beide Orte heute eine Gemeinde bilden, in jedem steht auch eine alte Wehrkirche, wobei die aus dem 12. Jahrhundert stammende Kirchenburg St. Laurentius in Minderoffingen das älteste erhaltene Gotteshaus im Ries ist.

schuf das Werk 1526, hob die Gesichter des Paares durch Verwendung von Alabaster in eindrucksvoller Weise hervor. Im benachbarten Fremdingen, zu dessen Gemeinde heute Hochaltingen gehört, erwartet uns schon wieder eine kunsthistorische Überraschung. Die dortige Pfarrkirche St. Gallus ruft vor allem bei jenen Verwunderung hervor, denen die neuromanische St.-Benno-Kirche in München bekannt ist. Deren Architekt Leonhard Romeis hat auch die Pläne für Fremdingen geliefert und dabei seine Münchner Ideen in einfacherer Form wieder aufgenommen. Mit der originalen Ausstattung durch vorwiegend Münchner Künstler der betreffenden Bauzeit (1903-07) ist St. Gallus in Fremdingen einer der wenigen, im Urzustand erhaltenen Kirchenbauten des Historismus in Bayern.

So, jetzt können wir uns bei den ebenso frommen wie naturverbundenen Dominikanerinnen in Fremdingen mit

Torhaus in Marktoffingen

Wallerstein – die verhinderte Stadt

Am Anfang war nur „der" Wallerstein, ein Felsen, der als Insel aus jenem See herausragte, der einst den Kessel des Rieses bedeckte. 1188 wird dann ein „castrum Valirstain" als Besitz der Hohenstaufen genannt, eine Burg also, die den Sicherheitswert des Felsens ausnützte und die 1261 an Graf Ludwig III. von Oettingen gelangte. Wenn diese Jahreszahl stimmt, haben die Oettinger diese Burg nicht aus dem Erbe der Staufer erhalten, sondern der letzte Hohenstaufen, der damals erst neun Jahre alte Konradin, wird sie ihnen geschenkt haben, wie er ja vieles aus seinem Besitz an manchen Ritter gab, dessen Unterstützung ihm und seinen Beratern wichtig gewesen sein muß. Zu Konradins Anhängern gehörte im Ries ja auch Friedrich von Hürnheim, der Angehörige eines Hauses, das bis zu seinem Aussterben im Jahr 1585 den Oettingen ebenbürtig gewesen ist. Friedrich von Hürnheim zog 1267 mit dem jungen König Konradin nach Italien und gehörte zu jenen, die mit dem unglücklichen letzten Staufer im Oktober 1268 zu Neapel von seinem Gegner Karl von Anjou nach verlorenem Kampf um das Königreich Sizilien hingerichtet wurden.

Die Oettingen bauten ihren Wallerstein zum stark befestigten Schloß aus, das kurz vor dem Ende des Dreißigjährigen Krieges von den Schweden zerstört wurde. Zu Füßen des Burgfelsens wuchs ein Dorf, das bis ins 16. Jahrhundert hinein „Steinheim" hieß. Der Ort hätte nach einem Dekret Kaiser Friedrichs III. aus dem Jahr 1471 sogar zur Stadt ausgebaut werden können, doch reichten die Möglichkeiten der Oettingen damals nur bis zu einem gut befestigten Markt. Nach dem Dreißigjährigen Krieg richteten sich die Oettingen-Wallerstein nun wohnlicher ein, bauten westlich des zerstörten Schlosses eine Residenz, umgeben von einem weitläufigen Hofgarten. Eine Hochblüte Wallersteins bildete die Regierungszeit des Fürsten Kraft Ernst (1773-1802). Er machte Wallerstein zum kulturellen Mittelpunkt des Rieses. Die von ihm gegründete Hofkapelle errang unter Ignaz von Beecké, einem Pianisten vom Rang Mozarts, und dem Kapellmeister Franz Anton Rosetti europäischen Ruf, der sogar Haydn und Mozart als Gä-

Dreifaltigkeitssäule mit Pfarrkirche

ste anlockte. Die Mediatisierung von 1806 und den damit verbundenen Anschluß an das Königreich Bayern mußte Fürst Kraft Ernst nicht mehr erleben, doch sein Sohn Ludwig (1791-1870) diente dem neuen Herrn in hohen Ämtern, war auch von 1832 bis 1837 bayerischer Innenminister, 1848 sogar kurze Zeit der letzte Ministerpräsident seines Studienfreundes König Ludwigs I., mit dem er nicht nur den Namen, sondern auch ein romantisches Gemüt gemeinsam hatte. Er heiratete gegen allen Widerstand der eigenen Familie und eines Großteils des bayerischen Adels 1823 Maria Crescentia Bourgin, eine schöne Gärtnerstochter, was ihn zunächst um alle seine Ämter brachte, bis ihn König Ludwig 1825, kurz nach seiner Thronbesteigung, rehabilitierte.

Wer heute die großartige Porzellansammlung im „Neuen Schloß" zu Wallerstein besichtigt hat und noch ein wenig im Hofgarten lustwandelt, mag jener Liebesromanze gedenken, aber auch der Mutter des fürstlichen Romantikers, Herzogin Wilhelmine von Württemberg. 1802 durch den Tod von Kraft Ernst früh Witwe geworden, hätte sie ihr Fürstentum durch nochmalige Heirat noch vergrößern können. Sie blieb allein, kaufte dem Hofarchitekten Josef Anton Belli de Pino sein klassizistisches Wohnhaus im Hofgarten ab und ließ es um zwei Flügel erweitern. Als „Moritzschlößchen" ist es auf unsere Zeit gekommen. Beim Anblick der Reitschule aber sollten wir mit unserem Ritter von Lang etwas Mitleid haben, der hier auf Befehl des Fürsten Kraft Ernst ebenso leidvolle wie ungeliebte Reitstunden absolvieren mußte. Vielleicht hat er deshalb in seinen Memoiren so bissig über seinen Brotgeber geschrieben. War Lang zum Reiten verurteilt, so mußten alle anderen Bediensteten Kraft Ernsts Instrumente lernen, um dem Klangkörper der Hofkapelle Fülle zu geben. Auch ein gewisser Albrecht Adam, 1786 in Nördlingen geboren, teilte dieses Schicksal, spielte allerdings die Oboe zum Erbarmen schlecht. Als aber Kraft Ernst des blutjungen Adams Pferdezeichnungen sah, war er begeistert, erließ ihm die Oboe und trug dazu bei, daß Albrecht Adam mit seinen Söhnen und Enkeln als berühmte Dynastie von Pferde- und Schlachtenmalern in die Kunstgeschichte eingehen konnte, von deren Werk das Stadtmuseum in Nördlingen einen Überblick bietet.

Das „Neue Schloß" mit seinen Nebengebäuden ist freilich nicht alles in Wallerstein. Da gibt es ja die viel fotografierte Pest- oder Dreifaltigkeitssäule aus der Barockzeit mitten in der Hauptstraße und die Pfarrkirche St. Alban, die mit ihrem zweischiffigen Langhaus – obwohl erst 1612 gebaut – noch an gotische Zeiten erinnert. Und da stößt man auch – ähnlich wie in der Nachbarresidenz Oettingen – auf Wohnbauten für Beamte und Bedienstete, vor allem in der Sperlingstraße und um die einstige Felsenburg. In der Mittelstraße stehen die bescheideneren Häuser von Handwerkern und Bauern. Hier kann man auch einen Gedenkstein bewundern, den die Regierung Kanadas errichten ließ. Er erinnert an den hier geborenen J.A.U. Moll (1747-1813), der als „William Berczy" mit 200 Siedlern die „Markham Township" gründete, aus der die große Stadt Toronto hervorging. Im Judenfriedhof schließlich fällt der riesige Sarkophag des 1815 in Hainsfarth geborenen Michael Riess auf, der 1878 hier beim Besuch des Grabes seiner Mutter einem Herzschlag erlag. In Kalifornien hatte er Millionen verdient, mit denen er die Universität von San Francisco und das nach ihm benannte „Michael-Reese-Hospital" in Chicago förderte. Und wenn wir uns nun endlich auf den Weg nach Nördlingen machen, können wir im Wallersteiner Ortsteil Ehringen noch nach dem Geburtshaus des freien Journalisten und Schriftstellers Melchior Meyr (1816-71) fragen, der in seinen „Geschichten aus dem Ries" seine Heimat einer breiten Leserschaft bekanntmachte. Er beschreibt auch den „verschiedenen sozialen Habitus" der fürstlichen und katholischen Wallersteiner und der reichsstädtisch-protestantischen Nördlinger. Wer will, kann das ja nachlesen, ehe wir unseren Einzug in Nördlingen halten, wozu uns nicht weniger als fünf historische Tore zur Auswahl stehen: das Baldinger, Löpsinger, Deininger, Reimlinger und Berger Tor. Weil wir aus Wallerstein kommen, steht uns das Baldinger Tor am nächsten.

Nördlingen ist wie das Ries: fast kreisrund

Fünf Tore also hat das alte Nördlingen, dessen Grundriß sich dem Ries angleicht: fast kreisrund, genauer gesagt ein ziemlich rundes Oval. Vier der Tore sind nach Dörfern benannt, die gleich vor den Mauern liegen, das fünfte, das Berger Tor, besagt, daß es hier zum Emmeramsberg hinausgeht. So klein muß man das aber nicht sehen. Das Reimlinger Tor führt schließlich von Augsburg her in die Stadt und das Baldinger Tor nach Würzburg wieder hinaus. Das Löpsinger Tor ist Ankunft aus Nürnberg und das Berger Tor weist den Weg nach Ulm. Und so führten eben einst zwei Handelsstraßen europäischen Ranges durch das Stadt-Oval: Italien – Augsburg – Nord- und Ostsee und Böhmen – Nürnberg – Ulm – Frankreich und Spanien. Sogar das Deininger Tor weist nicht nur nach dem schönen Städtchen Wemding, sondern zur mittelalterlichen Weltstadt Regensburg. Da muß man nicht mehr lang fragen, warum es diese Stadt Nördlingen gibt.

Vielleicht sollte man erst einmal eine gute Stunde darauf verwenden, den Stadtkern auf dem vollständig erhaltenen (eine Lücke wurde neuerdings aufgefüllt) Wehrgang zu umrunden. Da läßt sich ein ganzer Film belichten und im Löpsinger Tor erhält man im „Stadtmauermuseum" auch gleich Einblick in Geschichte und Bedeutung dieser sicher großartigsten aller erhaltenen Stadtwehren in deutschen Landen. Man umkreist dabei auch einen riesigen Hort kunsthistorischer Schätze: die zyklopische Stadtkirche St. Georg mit ihrem 90 Meter hohen Turm, den sechs Portalen und kunstreichen Altären, eine der größten und wertvollsten spätgotischen Hallenkirchen Deutschlands, die gotische Salvatorkirche der berühmten Parlerschule, dazu Rathaus, Tanzhaus, Alte und Neue Schranne, das Stadtmuseum im Spitalgebäude mit der spätgotischen Tafelmalerei der Nördlinger Meister Friedrich Herlin und Hans Schäuffelin und den Werken der Tiermaler aus den Familien Adam und Voltz. Und wenn das „Rieskrater-Museum" auch nur Erdgeschichte erklärt und das „Bayerische Eisenbahnmuseum" im alten Bahnbetriebswerk am Hohenweg nicht nur für Nördlingen zuständig ist, so runden beide doch das Kunst- und Informationsangebot ab.

Licht- und Schattenspiel der Stadtmauer

Große Kirchen, schöne Rathäuser und reiche Museen sind kein Nördlinger Einzelfall, man sieht sie auch anderswo. Gewiß, dieser Sehenswürdigkeiten halber kommen viele Besucher in die Stadt. Sie genau zu beschreiben, würde Seiten füllen. So sei jedem, der mehr über das kunsthistorische Nördlingen wissen will, eine Stadtführung oder ein gedruckter Stadtführer empfohlen. Uns geht es mehr um das gewachsene Gemeinwesen dieser ganz besonderen Stadt. Das kann man zunächst einmal aus der Sicht von Turmfalken in Augenschein nehmen, wenn man die 350 Stufen zur Wohnung des Türmers hinaufsteigt. Man muß sich dann dort unten zunächst nur ein kleines Römerkastell vorstellen, um das bald eine bescheidene Zivilsiedlung, ein „vicus", wächst. Aus einem Königshof „Nordlingin", der schon im 8. Jahrhundert genannt wird und der schließlich an den Regensburger Abtbischof Tuto gelangt, wächst allmählich ein Markt, den 1215 Kaiser Friedrich II. erwirbt, was den Beginn der Freien Reichsstadt Nördlingen bedeutet, die es bis 1802, als sie an Bayern kommt, bleibt. 1327 befiehlt Kaiser Ludwig der Bayer die Eingliederung der Vorstädte und wird damit zum Vater der heute so viel begangenen Stadtmauer, deren begonnenen Abbruch sein später Nachfahre und Namensvetter, Bayernkönig Ludwig I., 1826 verbietet. Schaut man nach Süden, kommt die Anhöhe des Albuch in den Blick, wo am 6. September 1634 die große Schlacht bei Nördlingen stattfand, wobei die Kaiserlichen gegen die Schweden die Oberhand behielten. Hobby-Strategen können das damalige Geschehen auch an einem riesigen Diorama im Stadtmuseum verfolgen.

Als ich 1980 wieder einmal auf dem Daniel war und den Türmer fragte, was denn die Besucher am meisten von dem Häusergewirr dort unten interessiere, meinte der, daß er am meisten nach dem Geburtshaus des damaligen Fußballstars Gerd Müller gefragt werde. Warum auch nicht? Die großen Kunstwerke machen eben eine Stadt allein nicht aus, das Menschliche interessiert nicht weniger. Und das fordert zu einem Stadtbummel auf, bei dem man so manches liebenswerte Detail nicht übersehen sollte. Beim Flanieren durch Nördlingens Straßen und Gassen erschließt sich ja früheres Stadtleben. Die Namen der Straßen und Plätze klären auf: Bei den Kornschrannen handelte man mit Getreide, am Brettermarkt mit Holz, am Hafenmarkt mit Geschirr. In der Vorderen, Mittleren und Hinteren Gerbergasse mit ihren typischen Häusern saßen die Gerber, die für ihr Handwerk das hier vorbeikommende Flüßchen Eger nutzten. Nahebei, an der Roßwette, tränkte und putzte man die Pferde, im Tanzhaus feierte

Nördlingen im Jahre 1825

Kerker unter der Freitreppe des Rathauses

man Feste, und irgendwo saßen auch die Tuchmacher und Färber, die zum großen Handels- und Gewerberuhm Nördlingens nicht wenig beigetragen haben. Noch im 18. Jahrhundert hieß es, daß man nirgends schöner rot und schwarz färbe als in Hamburg und Nördlingen.

Kunden für ihre Produkte mußten die Nördlinger nicht lange suchen; die kamen alle Jahre um Pfingsten zur Messe, die schon 1219 genannt wird. Und weil Messebesucher bereits damals Unterhaltung brauchten, veranstaltete man bei dieser Gelegenheit Pferderennen. Beim Hauptlauf war der Ehrenpreis ein scharlachrotes Stück Tuch, der Trostpreis ein Schwein. Dieses „Scharlachrennen" hat sich mittlerweile zu einer der großen reitsportlichen Veranstaltungen Bayerns entwickelt, findet heute wie damals auf der „Kaiserwiese" vor den Mauern statt und noch immer gibt es dabei einen Lauf um das Scharlachtuch. Die „Nördlinger Messe", einst mit derjenigen von Frankfurt ebenbürtig, gibt es nicht mehr, doch könnte man als Nachfolger das alljährliche Volksfest betrachten, das nach Pfingsten beginnt und zehn Tage dauert.

Das Feiern in Nördlingen beginnt aber schon viel früher im Jahr. Zieht der Frühling ins Land, kommt Anfang Mai der wunderschöne Tag der Schuljugend, das „Stabenfest". Das hat auch seine Tradition: nach dem Dreißigjährigen Krieg sollte in den armselig darniederliegenden deutschen Landen wieder Freude aufkommen; also empfahl man Frühlingsfeste für die jungen Leute, soweit sie nicht von Schweden, Franzosen oder den eigenen Landsleuten vorher schon umgebracht worden waren. Ob dieses „Stabenfest" allerdings nur als liebliche Frühlingsfeier gedacht war, sei dahingestellt. Tragen die jungen Leute dabei nicht Stäbe, anderswo auch „Ruten" geheißen? Mag doch sein, daß da beim wonnigen Ausflug ins frische Grün für die Herren Lehrer deren kräftigstes pädagogisches Instrument heimgeholt wurde, der „Tatzenstock". Anderswo, in der Bodenseegegend, war das wenigstens so. Wie dem auch sei – heute ist das „Stabenfest" jedenfalls ein schulfreier Gauditag, an dem man auch den Eltern (und auch den kinderlosen Erwachsenen) ein Bierzelt aufstellt. Suchen wir uns darin zum Schluß einen Platz und stoßen wir mit den Nördlingern kräftig an: Ein „Prosit" auf die fast kreisrunde Stadt im kreisrunden Ries. Und einen ganz großen Schluck auf das glückliche Ende unserer Fahrt im Tal der Wörnitz und durch das Ries.

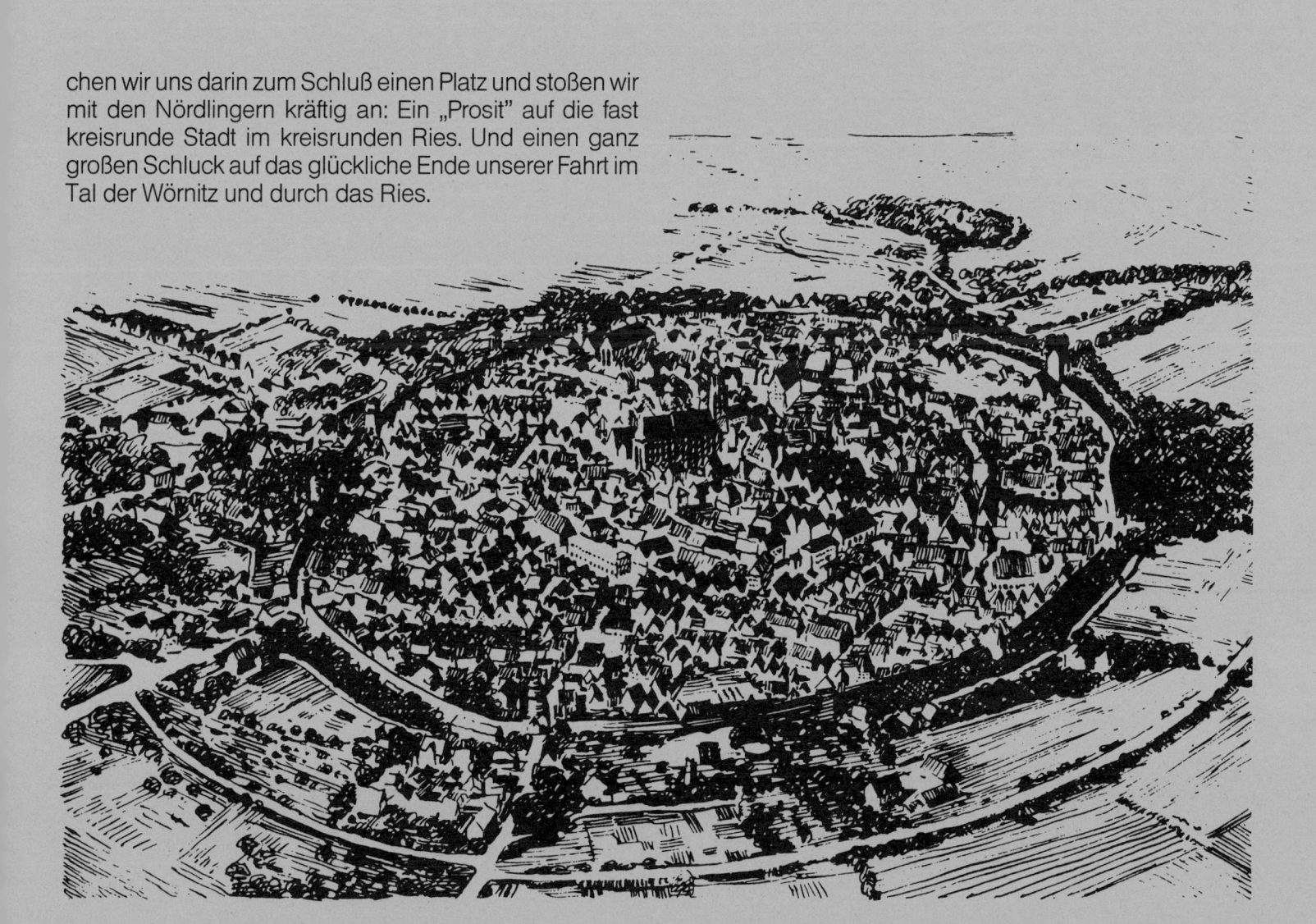

WÖRNITZ

In katholischen Dörfern Frankens findet man sie häufig: die Hausmadonna als Beschützerin von Haus, Hof und Bewohnern. Hier ein besonders schönes Beispiel an einem Fachwerkhaus in Bellershausen bei Schillingsfürst.

Ein Stück Madrid im fränkischen Schillingsfürst. Das Schloß der Fürsten Hohenlohe-Schillingsfürst, eine eindrucksvolle Dreiflügelanlage, wurde dem Madrider Stadtpalast des Grafen Alberoni nachgebildet.

Mit 365 Fenstern schaut Schloß Schillingsfürst vom steilen Bergsporn ins Hohenloher Land hinaus. Felder und Obstgärten umgeben den Schloßberg, lassen vom Talgrund her kaum ahnen, daß sich hinter dem üppigen Grün

ein freundliches Städtchen verbirgt. Wer möchte auch schon vermuten, daß hier einmal ein Reichskanzler residierte und französische Emigranten eine Truppe gründeten, die später zur „Fremdenlegion" wurde?

Unvergessen bei den Schillingsfürstern ist Ludwig Doerfler (Bild oben), der Maler der Frankenhöhe. In ihm lebte jener durchaus positive Lokalpatriotismus, der letzten Endes zu den „Schillingsfürster Heimattagen" (Bild rechts)

führte. Die Schillingsfürster bekennen sich bei diesem Fest zu ihrer Vergangenheit, zu der auch der Zuzug von landfahrenden Leuten im 18. Jahrhundert gehört, die „Jenisch", eine Abart des „Rotwelsch" sprachen.

Die Silhouette des barocken Wasserturms von Schillingsfürst. Der Turm und das dazugehörige Brunnenhaus sind heute das Heimatmuseum des Städtchens. Auch die Pumpe, die von einem Ochsen angetrieben wurde, ist erhalten.

Kloster Sulz lautet noch heute der amtliche Name eines Dörfleins im oberen Sulzachtal. Die gotische Kirche, längst evangelisch, erinnert an ein 1556 aufgelöstes Stift der Prämonstratenserinnen.

Ein Schmuckstück des Marktplatzes von Feuchtwangen ist der Röhrenbrunnen mit seinen prächtigen Gußeisenplatten aus dem Jahr 1726. Obenauf, wie ein Herold, trägt eine Frauengestalt das Stadtwappen mit der Fichte.

Der Hauptturm der ehemaligen Stiftskirche überragt die Giebel und Fachwerkfassaden von Feuchtwangen, das im 13. und 14. Jahrhundert Freie Reichsstadt war, ehe es an die Markgrafen von Ansbach kam.

Die heutige evangelische Pfarrkirche Feuchtwangens hat lange Tradition. Schon Ende des 8. Jahrhunderts stand hier ein Benediktinerkloster, das 1197 in ein Chorherrenstift der Augustiner umgewandelt wurde.

Berühmt ist Feuchtwangens romanischer Kreuzgang. Seit 1949 gibt es hier im Innenhof die vielbesuchten „Feuchtwanger Kreuzgang-Festspiele" mit anspruchsvollen, eigens dafür inszenierten Stücken.

Mauern, Türme und steile Dächer charakterisieren das Bild von Dinkelsbühl. Neben dem kantigen Turm des Nördlinger Tors duckt sich die historische Stadtmühle, heute Heimstatt des „Museums 3. Dimension".

Winteridylle in Dinkelsbühl. Über die Stadtmauer schauen Fachwerkgiebel und der Bäuerlinsturm auf die verschneiten Wörnitzwiesen hinaus. Ein Bild, als wäre die Zeit in der alten Reichsstadt stehengeblieben.

80 Eines der vier Stadttore von Dinkelsbühl, das Rothenburger Tor. Der wuchtige Turm stammt aus der Zeit um 1390. Erst in der Renaissance erhielt er mit dem verzierten Treppengiebel einigen Schmuck.

Kein Stadttor, nur ein Teil der Wehrmauer von Dinkelsbühl ist der malerische Bäuerlinsturm. Sein Name erinnert an den wackeren Gerber Hans Bäuerlin, der im 15. Jahrhundert zur Turmmannschaft gehörte.

So manches Mal wären die Bürger von Dinkelsbühl recht froh gewesen, wenn die Belagerer nur Enten und ein paar Schwäne gewesen wären, wenn statt Kriegsgeschrei nur lustiges Schnattern laut geworden wäre.

Das höchstgelegene der vier Dinkelsbühler Tore trägt den Namen des heutigen Stadtteils Segringen, einst Sitz einer Urpfarrei. Im dortigen Friedhof fallen die gleichförmigen, bemalten Holzkreuze auf.

Alle Jahre im Juli gibt es in Dinkelsbühl das frohe Fest der „Kinderzeche". Einer der Höhepunkte ist der Auftritt der „Kinderlore", die im Dreißigjährigen Krieg die Stadt vor großer Not bewahrt haben soll.

Bei den Umzügen während der „Kinderzeche" tragen sogar die Kleinsten alte Tracht des umliegenden Bauernlandes. Das Fest war ursprünglich ein Tag, an dem die Schulkinder auf Kosten der Stadt freie Zeche hatten.

Bei Wilburgstetten, wo vor fast zweitausend Jahren der „Limes" die Grenze des römischen Weltreichs bildete, steht auf einem Bühl im Wörnitztal die barocke Wallfahrtskapelle Heiligkreuz.

Längst ist die, inzwischen abgerissene, alte Mühle bei Wilburgstetten ohne Arbeit. Einst waren die vielen Mühlen an der Wörnitz mit dem freundlichen Klappern ihrer hölzernen Räder das, was man heute „Industriepotential" nennt.

Das Wörnitztal zwischen Wilburgstetten und Weiltingen. So wie hier schlängelt sich der ruhige Fluß in seinem ganzen Lauf durch Wiesen und Äcker, lädt gehetzte Menschen zum Wiederfinden der Stille ein.

Zwischen Wörnitzauen und dem Hesselberg liegt Weiltingen. Der Markt war einst nicht nur befestigt, sondern auch württembergische Herzogsresidenz. Das prächtige Schloß wurde 1814 auf Abbruch verkauft.

Quader und verputzte Bruchsteine bilden das Mauerwerk der evangelischen Filialkirche in Ruffenhofen. Vor der Reformation war das wehrhaft wirkende Gotteshaus dem heiligen Nikolaus geweiht. Das Patrozinium des

Heiligen der Schiffer und der Furten erhärtet die Vermutung, daß sich hier ein wichtiger Wörnitzübergang befand. Der Innenraum mit der wuchtigen Balkendecke und dem rohen Gestühl beeindruckt durch seine Schlichtheit.

Wittelshofen, an der Mündung der Sulzach in die Wörnitz gelegen. Ob die Besatzung des einst in der Nähe des Ortes erbauten Römerkastells die Freude heutiger Betrachter am Winterzauber geteilt haben?

Die Wörnitzmühle in Aufkirchen, unmittelbar am Flußlauf gelegen, verbreitet gerade im Winter Geborgenheit. Ludwig Hofer hat das Mahlwerk 1976 endgültig stillgelegt.

Wer heute das auf einer Anhöhe über dem Wörnitztal gelegene Dorf Aufkirchen besucht, wird es kaum glauben wollen, daß dieser schöne, ruhige Ort im 13. Jahrhundert eine Stadt gewesen ist, vermutlich im Besitz von Reichsfreiheit.

Um 1170 wurde Aufkirchen unter dem Staufenkaiser Barbarossa als Stützpunkt im schwäbisch-fränkischen Königsland gegründet. Das stattliche Fachwerkrathaus von 1634 erinnert an diese städtischen Zeiten.

Überm Wörnitztal erhebt sich als weithin sichtbare Landmarke der 689 Meter hohe Hesselberg. Geologisch ist er ein „Zeugenberg", da er als Jurariff mitten im Keupergebiet des Fränkischen Schichtstufenlandes liegt.

Von der Jungsteinzeit bis in die Zeiten der alemannischen Ansiedlung diente er den Menschen als sicherer Wohnplatz. Heute ist er auch als „Berg des Glaubens", an jedem Pfingstmontag, Ziel Tausender Besucher des „Bayerischen Kirchentags".

98 Der Hesselberg, die höchste Erhebung in Mittelfranken, ist ein viel besuchtes Wandergebiet. Auch ein geologischer Lehrpfad führt auf die aussichtsreiche Höhe, von der man an klaren Tagen sogar die Alpen sieht.

Einer der Hauptorte um den Hesselberg ist Röckingen. Die evangelische Pfarrkirche, ehemals dem heiligen Laurentius geweiht, und die Reste eines Renaissanceschlosses sind die Hauptsehenswürdigkeiten.

„Hauptstadt des Hesselbergs" könnte man das freundliche Städtchen Wassertrüdingen nennen, dessen Name schon sagt, daß der Ort eine Gründung der Grafen von Truhendingen ist. Später wurde Wassertrüdingen Sitz eines

Oberamts der Markgrafschaft Ansbach. Vom historischen Bild hat sich noch viel erhalten, so die vom einheimischen Baumeister Johann David Steingruber ausgebaute Pfarrkirche und die schönen Arkaden auf dem Friedhof.

Auhausen hinter dem winterlich leuchtenden Filigran des Wörnitzufers. Ländliche Verträumtheit am Eingang zum Ries. Dabei hat die einstige Benediktinerabtei auch schon Tage voller Lärm und Turbulenz erlebt. Als etwa am

8. Mai anno 1525 an die 8000 aufständische Bauern das Kloster plünderten oder am 14. Mai 1608 die protestantischen deutschen Fürsten hier die „Union" gründeten, eine der beiden Parteien des Dreißigjährigen Krieges.

104   Das Chorgestühl der ehemaligen Abteikirche von Auhausen zeigt noch heute die Spuren des Bauernaufstands von 1525, dessen Wüten die vom Meister Melchior Schabert geschnitzten Heiligen nasenlos zurückließ.

Die Gemälde des Hochaltars in der Auhausener Klosterkirche, 1513 vom Nördlinger Stadtmaler Hans Schäuffelin geschaffen, sind die einzigen, am ursprünglichen Ort erhaltenen Werke des bedeutenden Künstlers.

Bei Auhausen, am Rand des großen Oettinger Forstes, liegt das Dorf Hirschbrunn mit dem 1626 erbauten Jagdschloß der Grafen von Oettingen, das einst viele vornehme Jagdgäste gesehen haben mag.

Vor den Toren Oettingens steht die Untere Aumühle. Auf den steinernen Pfeilern des Gartens grüßen barocke Putti schweigend die Vorüberkommenden.

Im einst vom Grafen- und späteren Fürstenhaus Oettingen beherrschten Land im Ries gibt es viele Zeugnisse für friedliches Nebeneinander des jüdischen und christlichen Glaubens. Fromme Bildstöcke säumen den Weg zwischen Hainsfarth und Oettingen, während jüdische Friedhöfe (der von Oettingen im Bild oben) an einst starke jüdische Gemeinden erinnern, die als Förderer der Wirtschaftskraft willkommen waren.

Die Schloßstraße in Oettingen mit dem Königstor und dem schönen Fachwerkrathaus hat zwei Gesichter. Links im Bild die „katholischen" Voluten- und Wellengiebel, rechts das „evangelische" Fachwerk.

Beim Reichtum an historischen Bauten im Residenzstädtchen Oettingen könnte man leicht den Schloßhof übersehen, wo, umgeben von Remisen, die barocke Mariensäule des Tiroler Meisters Joseph Meyer steht.

Bei aller Industrialisierung, die auch das Ries ergriffen hat, ist „der große Kessel in Schwaben" auch heute noch vom bäuerlichen Leben und Brauchtum geprägt. Die Rieser Tracht (es gibt eine aufwendigere katholische und eine schlichtere evangelische!) ist ebenso zweckmäßig wie schön. Feste feiert man, wie sie fallen, freut sich an Volkstänzen oder am bunten Treiben, das etwa alle zwei Jahre den „Historischen Markt" in Oettingen bestimmt.

Die Zeiten, da in unseren Tagen die einschlägige Industrie geradezu in einem Wettstreit um den häßlichsten Hauseingang zu stehen schien, sind offenbar doch schon wieder vorbei. Man besinnt sich wieder darauf, daß Haustüren eine Art Visitenkarte der Bewohner sind. Frühere Zeiten besaßen da sicheren Geschmack. Das Nebenportal des Oettinger Schlosses (links) zeigt das genau so wie die Haustür eines Einödhofes, irgendwo im Ries.

Einem alten Gelübde folgend, machen sich die Gläubigen des Riesstädtchens Wemding alle 20 Jahre auf den Weg zur Kirche des Pestheiligen Sankt Sebastian in der Nachbarstadt Oettingen. Die Bilder von der letzten

Prozession im Jahr 1992 zeigen die Ankunft der Wemdinger in Oettingen. Junge Männer tragen auf der 15 Kilometer langen Strecke die zentnerschwere Votivkerze, die 2 Meter 40 hoch ist und 20 Zentimeter Durchmesser hat.

Nicht nur Pisa hat seinen „Schiefen Turm", auch das Dorf Munningen bei Oettingen besitzt seinen „Schiefen Peter", den Turm der Pfarrkirche Sankt Peter und Paul mit seiner schön geschwungenen Haube.

Noch gibt es Störche im Bereich der Feuchtwiesen im Ries, doch ist ihre Zahl stark gesunken. Das heißt aber nicht, daß der Klapperstorch, besonders für Jungvermählte, kein Symbol mehr wäre.

120 „Maria Brünnlein", am Stadtrand von Wemding gelegen, ist nicht nur eine schöne Wallfahrtskirche, die noch immer großen Zulauf hat, sondern auch ein Platz, von dem aus man weit übers Ries schaut.

Der Gnadenaltar von „Maria Brünnlein", über einer Quelle erbaut, ist die geistige Mitte des barocken Kirchenraumes, den der große Meister Johann Baptist Zimmermann mit Stuck und Fresken versah.

Barocke Volutengiebel säumen höchst malerisch Straßen und Plätze im Städtchen Wemding. Das Wirtshausschild mit dem „Meerfräulein" aber mag manchem Besucher etwas rätselhaft vorkommen.

Die doppeltürmige Pfarrkirche von Wemding ist dem heiligen Emmeram von Regensburg geweiht. Nicht von ungefähr, gehörte der Ort doch 500 Jahre lang der bedeutenden Regensburger Abtei Sankt Emmeram.

124 Blick über das südöstliche Ries bei Harburg. Dort unten, beim Dorf Hoppingen, zog einst eine Römerstraße am Fuß des Rollenberges vorbei, die über Munningen zur Reichsgrenze am Limes führte.

Unheil mag so ein Himmel einst den Menschen bedeutet haben, die auf dem Rollenberg bei Hoppingen im Schutz eines Ringwalles lebten. Der Berg ist mit seiner Steppenheide heute Naturschutzgebiet.

126 Eines der schönsten Motive an der Wörnitz: die steinerne Brücke von Harburg mit der zum wehrhaften Schloß ausgebauten Burg darüber, die schon Mitte des 12. Jahrhunderts ein Stützpunkt der Staufer war.

Das Städtchen Harburg, malerisch am Ufer der Wörnitz und am Eingang zum Ries gelegen. Schade, daß man 1861 die Mauern und Tore der Stadtwehr niederlegte, „damit hiesiger Ort an Schönheit gewinne."

Die Harburg ist nicht nur eine großartig ausgebaute Burganlage, sondern zugleich eine Schatzkammer. Sie birgt die berühmten Kunst- und Raritätensammlungen der Fürsten Oettingen-Wallerstein.

In hochgotischer Zeit wurde die Kirche des einstigen Zisterzienserklosters Kaisheim erbaut. Der markante Aufsatz des wuchtigen Vierungsturmes stammt, gleich dem Torturm, aus der Barockzeit.

Nur noch ein paar Kilometer hat die Wörnitz auf ihrem Weg zur Donau. Der Kaisheimer Abt Cölestin Meermoos wählte 1750 einen guten Platz für den Rokokobau der Kalvarienkapelle bei Wörnitzstein.

Wer von Harburg nach Donauwörth nicht auf der ausgebauten „Romantischen Straße" reist, sondern den kleinen
Straßen am Flußufer den Vorzug gibt, lernt die Ruhe und Dorfromantik von Wörnitzstein kennen.

132 Die Stadtsilhouette von Donauwörth, vom Schellenberg aus gesehen, geprägt vom gedrungenen Turm der Stadtpfarrkirche zu Unserer Lieben Frau und dem schlanken, verspielten Turm der Kirche des ehemaligen Benediktiner-

klosters Heiligkreuz. Ein geschichtsträchtiger Platz am Donauübergang, wo sich die Römerstraße „Via Claudia" als Handels- und Pilgerweg nach Norden fortsetzte und die nicht weniger bedeutende Donauroute kreuzte.

134 Trotz schwerer Zerstörungen im Zweiten Weltkrieg läßt die Reichsstraße, Donauwörths Hauptachse, erkennen, daß sie auf dem Weg zwischen Nürnberg und Augsburg viel Platz für Markt und Handel bot.

Das Färbertor in Donauwörth steht an der „Kleinen Wörnitz", die mit dem Hauptarm der Wörnitz jene einst von Fischern bewohnte Insel „Werd" umschließt, nach der die Stadt früher „Schwäbischwerd" genannt wurde.

Der schönste weltliche Festtag in Donauwörth ist alljährlich im Juli der „Schwäbischwerder Kindertag", der als Feiertag der Schulkinder Tradition hat. Am ersten Mittwoch im Juli und am darauffolgenden Sonntag stellen die Kinder im festlichen Zug die lange Geschichte der Stadt dar. Wer es freilich ganz genau wissen will, dem bieten die Sammlungen der Stadt, besonders das „Haus der Stadtgeschichte" im Rieder Tor, beste Auskunft.

RIES

140 Das Lastentragen nimmt der Steinbrücke, die in Deiningen über die Eger führt, längst ein Neubau ab. So muß sie nur noch Denkmal sein im „ältesten Dorf des Rieses", wie sich Deiningen nennen kann.

Klosterzimmern im Morgennebel. 1252 kamen Zisterzienserinnen vom rauhen Hahnenkamm auf Einladung Rudolf von Hürnheims ins Egertal. Mit der Reformation wurde ihr Kloster 1557 aber wieder aufgelöst.

Schwerer, guter Ackerboden, frisch gepflügt, dahinter die schnurgerade Zeile einer Pappelallee. Wer sagt es denn, daß es im Ries nur schön ist, wenn das Korn wogt oder die Kartoffelfelder blühen? Gerade der Herbst ist unterm verhangenen Himmel ein meisterhafter Graphiker, spielt mit geringem Aufwand an Licht, macht das Wesentliche oft erst deutlich, fordert Fantasie heraus, weckt freilich mitunter auch Melancholie.

144 350 Stufen über Nördlingen, der Hauptstadt im Ries. Blick vom „Daniel", dem 90 Meter hohen Turm der Georgskirche. Der Turmwächter in seinem Stübchen hat dieses Bild alle Tage, „aus dienstlichen Gründen".

Gut eine Stunde braucht man, um auf dem vollständig erhaltenen Wehrgang das alte Nördlingen zu umrunden. Rast empfiehlt sich im Stadtmauermuseum, das im runden Löpsinger Tor untergebracht ist.

NUN SIND
UNSER ZWEY

146 Über 600 Jahre steht das Nördlinger Rathaus schon im Dienst der Bürgerschaft. Die später angebaute Renaissance-
treppe ist Schmuck- und Lehrstück zugleich. Im Aufgang liest man auf einem Wandbild den guten Rat, niemals nur

eine Partei zu hören: „Ein Manns Red eine halbe Red, man soll sie hören beed." Und unter der Treppe, wo kleine Sünder im Käfig des „Narrenhäuschens" am Pranger saßen, meint ein Narr recht weise: „Nun sind unser zwey".

148 Zwei bayerischen Herrschern verdankt Nördlingen die Pracht seiner Stadtwehr. 1327 befahl Kaiser Ludwig der Bayer den Bau einer erweiterten Mauer, 1826 verbot König Ludwig VI. den weiteren Abbruch.

Die Lederhandlung in der Vorderen Gerbergasse ist am richtigen Platz. Noch haben 36 Häuser im einstigen Viertel der Nördlinger Gerber die Merkmale dieser Handwerksgebäude, vor allem die offenen Trockenböden.

Die Reichsstadt Nördlingen blühte einst wegen der schon 1219 nachweisbaren Pfingstmesse, deren Bedeutung kaum hinter der Frankfurter Messe zurückstand. Dazu kamen das Können und der Fleiß der Handwerker, deren Waren in alle Lande gingen. Berühmt war vor allem die hochentwickelte Kunst der Färber. Neuerdings blüht das Kunsthandwerk in der Stadt, wie etwa ein Glasbläser (linkes Bild) im stillen Winkel der schmalen Paradiesgasse (rechts).

Nicht nur repräsentative Steinbauten, wie das Rathaus, gehören zum großen Schatz der bürgerlichen Kunstdenkmäler von Nördlingen. Da gibt es auch wunderschönes Fachwerk für reiche Bürger, wie etwa das „Winter'sche

Haus" in der Bräugasse aus dem Jahr 1678 (links). Gut restauriert legt es mit den für Schwaben typischen vorragenden Stockwerken und dem prachtvoll geschnitzten Portal (rechts) Zeugnis für gute Baugesinnung ab.

154 Höchst originell und zutreffend die beiden Bronze-Bauern auf einem Nördlinger Brunnen. Das Ries war einst für seine Gänse berühmt und der Ferkelmarkt auf der Kaiserwiese bestand noch vor wenigen Jahren.

Nahe der Roßwette, wo die Nördlinger ihre Pferde zur Tränke führten, steht die Mühle des 1237 gegründeten Spitals „Zum Heiligen Geist". Das Mühlrad drehte sich einst zum Wohl der Armen und Kranken.

Was in der Schlacht von Alerheim im Dreißigjährigen Krieg an der einstigen staufischen Reichsburg Alerheim nicht zerstört wurde, ist in letzter Zeit restauriert, teilweise sogar rekonstruiert worden.

Wie eine Landmarke ragt der hohe Kirchturm der einstigen Benediktinerabtei Mönchsdeggingen auf. Die Abtei, vermutlich im 10. Jahrhundert gegründet, gilt als die älteste mönchische Niederlassung im Ries.

158 Mozart war da und in unserem Jahrhundert wurde das barocke Schlößchen Hohenaltheim zur Filmkulisse für Horst Wolfram Geißlers liebenswürdigen Roman „Der liebe Augustin". Das paßt alles zuammen.

Selbst die Ruine mit Bergfried und Palas läßt die große Zeit noch ahnen, in der Niederhaus Stammburg der Hürnheimer war, deren einer, Friedrich, 1268 zu Neapel mit seinem König Konradin hingerichtet wurde.

Reimlingen, im 8. Jahrhundert schon in Schenkungsurkunden des Klosters Fulda genannt, kam später in den Besitz der Ellinger Komturei des Deutschherrenordens, der im 16. Jahrhundert ein Schloß als Amtssitz bauen ließ.

Neuer Glanz kam, als der Ellinger Ordensbaumeister Franz Joseph Roth 1733-36 den einfachen Renaissancebau vergrößerte. Vorher hatte er schon die Mariahilfkapelle am südlichen Ortsrand gebaut.

Beliebtes Ausflugsziel der Nördlinger ist das romantische Kartäusertal. Hier stifteten die Grafen Ludwig und Friedrich von Oettingen 1383 ein Kartäuserkloster, das bis 1648 bestand. Verfallen ist der größte Teil der Mauern, die einstige Klosterkirche St. Peter (links) wurde evangelisch. In der von den Kartäusern gesuchten Stille und Abgeschiedenheit wurde 1991 Carl Friedrich Fürst zu Oettingen-Wallerstein begraben.

Ähnlich wie auf der Schwäbischen Alb und im Altmühltal findet man auch auf den Jurahöhen des Rieses das melancholisch wirkende Landschaftsbild der Wacholderheide. Sie steht meist unter Naturschutz.

Am Hang der Anhöhe „Himmelreich" bei Holheim, südlich von Nördlingen, befinden sich die Ofnethöhlen, in denen man steinzeitliche „Schädelnester" gefunden hat. Im Hintergrund der markante Ipf.

Im Maienbachtal hat man die Grundmauern eines römischen Gutshofes (links) ausgegraben und rekonstruiert. Hier hat also vor fast 2000 Jahren ein römischer Kriegsveteran den Acker bebaut. Da die Stelle zu Füßen des

„Himmelreichs" und der Kleinen und Großen Ofnethöhle (rechts) liegt, ist das Bauernland südlich der Stadt Nördlingen für alle, die an Vor- und Frühgeschichte interessiert sind, wohl einen Ausflug wert.

Das schöne Fachwerkrathaus der württembergischen Stadt Bopfingen. Im Jahr 1585 von einem Nördlinger Meister erbaut, war es für die Bürger der damaligen Reichsstadt auch Messehalle und Tanzsaal.

Die Burg auf dem Flochberg bedrohte bis zum Dreißigjährigen Krieg die Bürgerruhe von Bopfingen. Als die Schweden 1648 Flochberg zur Ruine machten, sollen die Bopfinger etwas mitgeholfen haben.

170 Kirchheim am Ries mit der großen, aber schlichten Kirche der einstigen Zisterzienserinnenabtei Sankt Maria. Im Jahr 1267 gegründet, widerstand das Kloster allen geistigen Stürmen der Reformation.

Ein Stück Schönheit in Kirchheim am Ries: der barocke Torturm der ehemaligen Zisterzienserinnenabtei mit seinem reichen Figurenschmuck. Die Baupläne lieferte 1723 der Jesuitenpater Jakob Amrhein.

172 Weites Bauernland mit sanften Ackerhügeln, das ist die Landschaft im Ries, an der Grenze zwischen Württemberg und Bayern, zwischen Kirchheim, Baldern und Marktoffingen. Die eigentliche Landschaft ist hier der Himmel,

besonders wenn er nicht, wie auf unserem Bild, in reinem Blau erstrahlt. Auf erhöhten Plätzen, meist von alten Bäumen umgeben, stehen barocke Kapellen, wie Mariahilf bei Unterwilfingen oder St. Leonhard bei Oberwilfingen.

In Anbetracht der Größe und Macht des einstigen Fürstentums Oettingen-Wallerstein ist das „Neue Schloß" im Park zu Wallerstein, das eine bedeutende Porzellansammlung birgt, eher von bescheidenem Ausmaß.

Weit fürstlicher als das „Neue Schloß" zeigt sich die Reitschule im Hofgarten von Wallerstein. Das Oval der Reithalle mit Stall- und Wohnbauten entstand 1741 nach Plänen des Wieners Paul Ulrich Trientel.

176 Der weitläufige Hofgarten der Fürsten Oettingen-Wallerstein entbehrt natürlich nicht des heiteren Schmucks. Fröhliche Putti treiben ihr Spiel, wenn dieser da auch militärische Absichten zu haben scheint.

Wer auf der „Romantischen Straße" durch Wallerstein fährt, kann die barocke Dreifaltigkeitssäule in der Mitte der Hauptstraße nicht übersehen. Ihr Vorbild ist die Pestsäule am Graben in Wien.

178 Die romanische Pfarrkirche St. Lorenz in Minderoffingen ist das älteste erhaltene Gotteshaus im Ries. 1143 wird die Kirche in „minor offingen" erwähnt. Bis zu vier Meter dick ist das Mauerwerk.

Die Kirche des zuletzt mit Minoriten besetzten einstigen Klosters von Maihingen ist ein Barockjuwel im Ries. Ulrich Beer, einer der Meister der berühmten Vorarlberger Schule, hat sie ab 1712 gebaut.

Über den kantigen Turm der wehrhaften St. Georgskirche von Utzwingen hinweg, geht der Blick nach Süden, ins weite Rund des Rieskessels. Im Dunst dort draußen erkennt man die Silhouette von Maihingen mit dem Turm der

Pfarrkirche Mariä Himmelfahrt (links im Bild) und dem der Kirche des einstigen Minoritenklosters (rechts im Hintergrund). Im einstigen Klosterbrauhaus von Maihingen lädt das Rieser Bauernmuseum zu einem Besuch ein.

182 Wegkreuze erinnern als Marterl an Verunglückte, wie das Gedenkkreuz für Andreas Wolf von Birkhausen (links) oder sind einfach fromme Zeichen, oft hoch aufgerichtet, wie das Holzkreuz auf dem Weg zwischen Herblingen

und Hochaltingen (rechts). Ein Spruch macht mitunter nachdenklich, wie etwa: „Geh nicht vorbei, wozu die große Eile? Bleib stehn und denk eine Weile. Du gehst dahin, o Wanderer, nach dir kommt schon ein anderer!"

184 Hochaltingen, im linken Bild der Blick vom Nachbardorf Herblingen her, ist uralter Siedlungsboden. Auf freiem Feld fand man an die 150 Grabhügel, einen ganzen Dorffriedhof aus der Hallstattzeit, wie die gefundenen

Grabbeigaben erkennen lassen. In der Gruftkapelle der Pfarrkirche findet man ein hervorragendes Marmorepitaph der Edlen von Hürnheim, die 1551 das mehrmals umgebaute Renaissanceschloß (Bild rechts) bauen ließen.

Ausflüge die sich lohnen

188 Nur einen Katzensprung ist es von der Wörnitzquelle in Schillingsfürst nach Rothenburg, dem Inbegriff deutscher Städteromantik. Die ehemals Freie Reichsstadt schaut in allen Gassen und Winkeln noch aus, als wäre die Zeit im Mittelalter stehengeblieben. Weit und offen ist der Marktplatz mit dem historischen Rathaus, breit läuft die Herrngasse zum Burgtor hinunter. In der mächtigen gotischen Jakobskirche steht man ehrfürchtig vor dem Heiligblutaltar des Tilman Riemenschneider, hat dann Zeit und Muse in schmäleren Gassen nach liebevollen Details zu suchen, etwa dem herrlichen Feuerleinserker (unser Bild) in der Klingengasse.

Als Residenz der brandenburgischen Markgrafen ist Ansbach, die Regierungshauptstadt Mittelfrankens, was die Repräsentativbauten betrifft, von Barock und Rokoko geprägt. Sogar der Herr Regierungspräsident erfüllt die Amtspflichten (und auch manche Amtsfreuden) in prächtigen Räumen des Rokoko. Im Gegensatz dazu steht der würdige Ernst der dreitürmigen Stiftskirche St. Gumpert, deren Baustil zwischen Gotik und Renaissance vermittelt. Wenn dann alljährlich im Juli im weitläufigen Hofgarten die „Ansbacher Rokokospiele" viele Besucher verzaubern, denkt niemand daran, daß in diesem Park 1833 der rätselhafte Kaspar Hauser ermordet wurde.

Landschaft auf dem zweiten Schöpfungsweg ist sozusagen das „Neue Fränkische Seenland" um die Stadt Gunzenhausen. Wo einst nur die Altmühl und einige Bäche dahinflossen, breiten sich nun die künstlich geschaffenen Flächen des Kleinen und Großen Brombachsees, des Igelsbachsees, des Altmühlsees und des Rother Sees aus, zusammen eine Wasserfläche, die größer als der Tegernsee in Oberbayern ist. Das „Neue Fränkische Seenland" (auf unserem Bild ein Bootshafen am Kleinen Brombachsee) ist damit ein Paradies für Wassersportler und Campingfreunde geworden, doch wurde auch auf den Schutz der Natur Wert gelegt. Am Altmühlsee gibt es zum Beispiel ein Vogelparadies.

Bewohnt und befestigt war der Altstadthügel von Neuburg an der Donau schon von den Kelten und den Römern. Die heutige Pracht aber kam erst nach dem „Landshuter Erbfolgekrieg" von 1504, als Neuburg die Residenz des neuen Herrscherhauses „Junge Pfalz" wurde. Mit dem späteren Kurfürsten Ottheinrich zogen Luxus und ein weitgerühmtes Kulturleben in die Mauern der damals erbauten Renaissance-Residenz ein. Bestens restauriert thront das Schloß über der Donau. In zwei Stockwerken kann man heute die Prachtentfaltung einstiger Fürstenherrlichkeit bewundern und in einem weiteren Stock gibt ein Museum Auskunft über Bayerns Steinzeitmenschen.

192 Südlich der württembergischen Ries-Stadt Bopfingen liegt der Klosterort Neresheim, auf dem Härtsfeld, wie die Landschaft dort heißt. Es ist schon eigenartig, wie sich oft mitten im Bauernland, umgeben von Äckern und Kuhweiden, allerhöchste Kunst befindet. So auch im Städtchen Neresheim auf der Schwäbischen Alb.
1095 verwandelte der fromme Graf Hartmann seine Burg in ein Augustiner-Chorherrenstift, das schon elf Jahre später von Benediktinern übernommen wurde. 1747 begann nach Plänen des Würzburger Hofbaumeisters Balthasar Neumann der Bau der barocken Klosterbasilika, einem der bedeutendsten Sakralräume des europäischen Barock, überwölbt von sieben Kuppeln.